2025 中财传媒版

年度全国会计专业技术资格考试辅导系列丛书·注定会赢®

财务管理
全真模拟试题

财政部中国财经出版传媒集团　组织编写

中国财经出版传媒集团
经济科学出版社
·北京·

图书在版编目（CIP）数据

财务管理全真模拟试题／财政部中国财经出版传媒
集团组织编写 . -- 北京 ： 经济科学出版社，2025.4.（2025.7 重印）
（中财传媒版 2025 年度全国会计专业技术资格考试辅导系
列丛书）. -- ISBN 978 - 7 - 5218 - 6778 - 7

Ⅰ. F275 - 44

中国国家版本馆 CIP 数据核字第 20256NN296 号

责任编辑：赵泽蓬
责任校对：齐　杰
责任印制：张佳裕

财务管理全真模拟试题

CAIWU GUANLI QUANZHEN MONI SHITI

财政部中国财经出版传媒集团　组织编写

经济科学出版社出版、发行　新华书店经销

社址：北京市海淀区阜成路甲 28 号　邮编：100142

总编部电话：010 - 88191217　发行部电话：010 - 88191522

天猫网店：经济科学出版社旗舰店

网址：http：//jjkxcbs. tmall. com

北京鑫海金澳胶印有限公司印装

787 × 1092　16 开　9 印张　200000 字

2025 年 4 月第 1 版　2025 年 7 月第 2 次印刷

ISBN 978 - 7 - 5218 - 6778 - 7　定价：38.00 元

（图书出现印装问题，本社负责调换。电话：010 - 88191545）

（打击盗版举报热线：010 - 88191661，QQ：2242791300）

前　　言

　　2025 年度全国会计专业技术中级资格考试大纲已经公布，辅导教材也已正式出版发行。与 2024 年度相比，新考试大纲及辅导教材的内容都有所变化。为了帮助考生准确理解和掌握新大纲和新教材的内容、顺利通过考试，中国财经出版传媒集团本着为广大考生服务的态度，严格按照新大纲和新教材内容，组织编写了中财传媒版 2025 年度全国会计专业技术资格考试辅导"注定会赢"系列丛书。

　　该系列丛书包含 3 个子系列，共 9 本图书，具有重点把握精准、难点分析到位、题型题量丰富、模拟演练逼真等特点。本书属于"全真模拟试题"子系列，每本书包括 8 套试题，其题型、题量及难易程度均依照 2024 年度全国会计专业技术中级资格考试真题设计，每套试题附有参考答案和解析，帮助考生增强应考冲刺能力。

　　中国财经出版传媒集团旗下"中财云知"App 为购买本书的考生提供线上增值服务。考生使用微信扫描封面下方的防伪码并激活下载 App 后，可免费享有题库练习、学习答疑、每日一练等增值服务。

　　全国会计专业技术资格考试是我国评价选拔会计人才、促进会计人员成长的重要渠道，是中国式现代化人才战略的重要组成部分。希望广大考生在认真学习教材内容的基础上，结合本丛书准确理解和全面掌握应试知识点内容，顺利通过 2025 年会计资格考试，在会计事业发展中不断取得更大进步，为中国式现代化建设贡献更多力量！

　　书中如有疏漏和不当之处，敬请批评指正。

财政部中国财经出版传媒集团

2025 年 4 月

目　录

2025 年度中级会计资格
《财务管理》全真模拟试题（一）

一、单项选择题（本类题共 20 小题，每小题 1.5 分，共 30 分。每小题备选答案中，只有一个符合题意的正确答案。错选、不选均不得分）

1. 某公司某项银行贷款本金为 100 万元，期限为 10 年，利率为 8%，每年年末等额偿还本息，则每年偿还额的计算式为（　　）。

    A. $100/(F/A, 8\%, 10)$

    B. $100 \times (1+8\%)/(F/A, 8\%, 10)$

    C. $100 \times (1+8\%)/(P/A, 8\%, 10)$

    D. $100/(P/A, 8\%, 10)$

2. 假设以每年 10% 的利率借入 30 000 元，投资于某个寿命为 10 年的项目。已知 $(P/A, 10\%, 10) = 6.1446$，为使该投资项目成为可行项目，每年至少应回收的现金数额为（　　）元。（结果保留整数）

    A. 6 000   B. 3 000   C. 5 374   D. 4 882

3. 某公司设立一项偿债基金项目，连续 10 年于每年年末存入 100 万元，第 10 年年末可以一次性获取 1 800 万元，已知 $(F/A, 8\%, 10) = 14.487$，$(F/A, 10\%, 10) = 15.937$，$(F/A, 12\%, 10) = 17.549$，$(F/A, 14\%, 10) = 19.337$，$(F/A, 16\%, 10) = 21.321$，则该基金的收益率为（　　）。

    A. 12.5%   B. 11.5%   C. 13.5%   D. 14.5%

4. 下列各种风险管理对策中，属于风险转换的是（　　）。

    A. 禁止各业务单位在金融市场上进行投机

    B. 降低客户信用标准提高销售量

    C. 购买保险

    D. 构建资产组合

5. 下列各项中，不属于销售预算编制内容的是（　　）。

    A. 销售收入   B. 单价   C. 销售费用   D. 销售量

6. A 公司在预算期间，销售当季收回货款 60%，次季度收回货款 35%，第三季度收回货款5%。预算年度期初应收账款余额为24 000元，其中包括上年第三季度销售的应收账款4 000元，则该预算年度第一季度可以收回的期初应收账款是（　　）元。

　　A. 24 000　　　　　B. 6 500　　　　　C. 21 500　　　　　D. 7 500

7. 关于资产负债表预算，下列表述正确的是（　　）。

　　A. 资本支出预算的结果不会影响到资产负债表预算的编制

　　B. 编制资产负债表预算的目的在于了解企业预算期的经营成果

　　C. 利润表预算编制应当先于资产负债表预算编制而成

　　D. 资产负债表预算是资金预算编制的起点和基础

8. 根据企业2025年的现金预算，第一季度至第四季度期初现金余额分别为1万元、2万元、1.7万元、1.5万元，第四季度现金收入为20万元，现金支出为19万元，不考虑其他因素，则该企业2025年末的预计资产负债表中，货币资金年末数为（　　）万元。

　　A. 2.7　　　　　B. 7.2　　　　　C. 4.2　　　　　D. 2.5

9. 某公司上期营业收入为1 000万元，本期期初应收账款为120万元，本期期末应收账款为180万元，本期应收账款周转率为8次，则本期的营业收入增长率为（　　）。

　　A. 20%　　　　　B. 12%　　　　　C. 18%　　　　　D. 50%

10. 关于可转换债券，下列表述正确的是（　　）。

　　A. 可转换债券的赎回条款有利于降低投资者的持券风险

　　B. 可转换债券的转换权是授予持有者的一种买入期权

　　C. 可转换债券的转换比率为标的股票市值与转换价格之比

　　D. 可转换债券的回售条款有利于可转换债券顺利转换成股票

11. 下列各项中，不属于担保贷款类型的是（　　）。

　　A. 保证贷款　　　　B. 信用贷款　　　　C. 抵押贷款　　　　D. 质押贷款

12. 与普通股筹资相比，下列各项中，不属于银行借款筹资优点的是（　　）。

　　A. 公司的财务风险较低　　　　　　　B. 可以发挥财务杠杆作用

　　C. 资本成本较低　　　　　　　　　　D. 筹资弹性较大

13. 某公司本年度资金平均占用额为3 500万元，经分析，其中不合理部分为500万元。预计下年度销售增长5%，资金周转加速2%，则下年度资金需要量预计为（　　）万元。（结果保留整数）

　　A. 3 000　　　　　B. 3 087　　　　　C. 3 088　　　　　D. 3 213

14. 甲公司普通股目前的股价为10元/股，筹资费率为6%，刚刚支付的每股股利为2元，未来各期股利按2%的速度持续增长，则甲公司利用留存收益的资本成本为（　　）。

　　A. 23.7%　　　　　B. 22.4%　　　　　C. 21.2%　　　　　D. 20.40%

15. 某投资项目的现金净流量如下：$NCF_0 = -200$万元，$NCF_{1\sim10} = 40$万元。则该项目的内含收益率为（　　）。已知：$(P/A, 14\%, 10) = 5.2161$，$(P/A, 16\%, 10) =$

4.8332。

    A. 14.12%   B. 15%   C. 15.12%   D. 16%

16. 甲公司已进入稳定增长状态，固定股利增长率 4%，股东必要收益率 10%。公司最近一期每股股利 0.75 元，预计下一年的股票价格是（   ）元。

    A. 7.5   B. 13   C. 12.5   D. 13.52

17. 某企业生产销售 A 产品，计划销售 20 000 件，企业计划目标利润总额为 300 000 元，完全成本总额为 42 000 元，适用的消费税税率为 5%。根据以上资料，运用目标利润法测算 A 产品的单位价格为（   ）元。

    A. 17   B. 18   C. 19   D. 20

18. 某公司月成本考核例会上，各部门经理正在讨论、认定直接人工效率差异的责任部门，该责任部门应是（   ）。

    A. 生产部门   B. 销售部门

    C. 供应部门   D. 管理部门

19. 如果某公司以所持有的其他公司的有价证券作为股利发放给本公司股东，则该股利支付方式属于（   ）。

    A. 负债股利   B. 现金股利

    C. 财产股利   D. 股票股利

20. 下列各项中，属于销售预测定量分析方法的是（   ）。

    A. 营销员判断法   B. 专家判断法

    C. 产品寿命周期分析法   D. 趋势预测分析法

二、多项选择题（本类题共 10 小题，每小题 2 分，共 20 分。每小题备选答案中，有两个或两个以上符合题意的正确答案。请至少选择两个答案。全部选对得满分，少选得相应分值，多选、错选、不选均不得分）

1. 下列各项中，表示货币时间价值的有（   ）。

    A. 纯利率

    B. 社会平均资金利润率

    C. 通货膨胀率极低情况下的短期国库券利率

    D. 不考虑通货膨胀下的无风险收益率

2. 有一永续现金流量，每年年初发生额为 90 万元，$i=10\%$，则该现金流量现值的下列表达式中正确的有（   ）。

    A. 90/10%

    B. 90 + (90/10%)

    C. 90 + 90/(1 + 10%) + (90/10%)/(1 + 10%)

    D. 90 × (P/A, 10%, 3) × (1 + 10%) + (90/10%) × (P/F, 10%, 2)

3. 关于制造费用预算，下列说法正确的有（   ）。

    A. 制造费用预算通常分为变动制造费用预算和固定制造费用预算两部分

B. 固定制造费用需要逐项进行预计，通常与本期产量无关，按每季度实际需要的支付额预计，然后求出全年数

C. 制造费用都会导致现金的流出

D. 为了便于以后编制资金预算，需要预计现金支出

4. 下列各项中，属于间接筹资方式的有（　　）。

A. 发行股票　　　B. 杠杆租赁　　　C. 发行债券　　　D. 银行借款

5. 关于债券和优先股的共同特点，下列表述正确的有（　　）。

A. 优先股股息和债券利息都属于公司的法定债务

B. 在分配剩余财产时，优先股股东和债权人的清偿顺序都先于普通股股东

C. 优先股股息和债券利息都会产生所得税抵减效应

D. 都不会影响普通股股东对公司的控制权

6. 确定企业资本结构时，下列说法中正确的有（　　）。

A. 如果企业的销售不稳定，则要较多地筹措权益资金

B. 为了保证原有股东的绝对控制权，一般应尽量避免普通股筹资

C. 若预期市场利率会上升，企业应尽量利用短期负债

D. 所得税税率越高，举借负债利益越明显

7. 甲公司拟投资一个采矿项目，经营期限10年，资本成本14%，假设该项目的初始现金流量发生在期初，营业现金流量均发生在投产后各期期末，该项目现值指数大于1。下列关于该项目的说法中，正确的有（　　）。

A. 净现值大于0　　　　　　　B. 动态回收期大于10年

C. 静态回收期小于10年　　　D. 内含收益率大于14%

8. 在标准成本差异的计算中，下列成本差异中，属于价格差异的有（　　）。

A. 直接人工工资率差异　　　B. 变动制造费用耗费差异

C. 固定制造费用能量差异　　D. 变动制造费用效率差异

9. 对公司而言，发放股票股利的优点有（　　）。

A. 减轻公司现金支付压力

B. 使股权更为集中

C. 可以向市场传递公司未来发展前景良好的信息

D. 有利于股票交易和流通

10. 下列关于企业短期偿债能力的分析中，说法正确的有（　　）。

A. 营运资金为负说明企业部分非流动资产以流动负债作为资金来源，企业不能偿债的风险很大

B. 营运资金＝流动资产－流动负债，可以进行不同企业之间的比较

C. 现金比率剔除了应收账款对偿债能力的影响，最能反映企业直接偿付流动负债的能力

D. 速动比率是速动资产与流动负债的比值，所以不需要考虑行业的差异性

三、判断题（本类题共 10 小题，每小题 1 分，共 10 分。请判断每小题的表述是否正确。每小题答题正确的得 1 分，错答、不答均不得分，也不扣分）

1. 相对于个人独资企业与合伙企业，公司制企业受政府的监管较为宽松。（ ）

2. 不考虑其他因素的影响，通货膨胀一般导致市场利率下降，从而降低了企业的筹资难度。（ ）

3. 基于资本资产定价模型，如果甲资产 β 系数是乙资产 β 系数的两倍，则甲资产必要收益率是乙资产必要收益率的 2 倍。（ ）

4. 技术性变动成本是指通过管理当局的决策行动可以改变的变动成本，其特点是其单位变动成本的发生额可由企业最高管理层决定。（ ）

5. 某企业因对外投资需要大额的资金，考虑到目前股权资金的比重过高，决定发行公司债券解决对外投资的资金需求，则该企业的筹资动机属于混合性筹资动机。（ ）

6. 对于原始投资额和项目寿命期都不同的独立投资方案进行比较确定投资顺序时，应选择内含收益率法。（ ）

7. 存货管理的目标是在保证生产和销售需要的前提下，最大限度地降低存货成本。（ ）

8. 某企业在生产经营淡季将生产过程中游离出来的部分资金进行了短期债券投资，这样做符合分散资金投向、降低投资风险的目的。（ ）

9. 应收账款保理有助于减轻企业应收账款的管理负担，但会增加坏账损失。（ ）

10. 与固定股利政策相比，低正常股利加额外股利政策赋予公司股利发放的灵活性。（ ）

四、计算分析题（本类题共 3 小题，共 15 分。凡要求计算的，可不列出计算过程；计算结果出现两位以上小数的，均四舍五入保留小数点后两位小数，百分比指标保留百分号前两位小数。凡要求解释、分析、说明理由的，必须有相应的文字阐述）

1. 甲公司生产销售 A 产品，有关资料如下：

资料一：甲公司 2024 年 12 月 31 日资产负债表如下所示。

单位：万元

资产	年末余额	负债与股东权益	年末余额
货币资金	200	应付账款	600
应收账款	400	长期借款	2 400
存货	900	股本	4 000
固定资产	6 500	留存收益	1 000
资产总计	8 000	负债与股东权益总计	8 000

资料二：2024 年销售收入为 6 000 万元，净利润 600 万元，股利支付率为 70%。

资料三：预计 2025 年销售收入将增长到 9 000 万元，公司流动资产和流动负债占销售收入的比例一直保持稳定不变。此外，随销售增长而需要追加设备投资 1 500 万元。2025 年销售净利率和股利支付率与 2024 年相同。

要求：

（1）计算 2025 年增加的流动资产；

（2）计算 2025 年增加的流动负债；

（3）计算 2025 年留存收益增加额；

（4）计算 2025 年的外部融资需求量。

2. 甲公司生产、销售 A 产品，该产品的变动成本率为 60%，单位售价为 100 元。公司目前采用 20 天按发票金额付款的信用政策，70% 的顾客（按销售量计算，下同）能在信用期内付款，另外 30% 的顾客平均在信用期满后 30 天付款，逾期应收账款的收回需要支出占逾期账款 4% 的收账费用，公司每年的销售量为 48 000 件，平均存货水平为 3 000 件。

为了扩大销售量、缩短平均收现期，公司拟推出 "4/10、1/20、n/30" 的现金折扣政策。采用该政策后，预计销售量会增加 10%，40% 的顾客会在 10 天内付款，20% 的顾客会在 20 天内付款，30% 的顾客会在 30 天内付款，另 10% 的顾客平均在信用期满后 30 天付款，逾期应收账款的收回需要支出占逾期账款 5% 的收账费用。为了保证及时供货，平均存货水平需提高到 3 600 件，其他条件不变。假设风险投资的最低收益率为 10%，一年按 360 天计算。

要求：

（1）计算改变信用政策后边际贡献、收账费用、应收账款应计利息、存货占用资金应计利息、现金折扣成本的变化。

（2）计算改变信用政策的净损益，并回答该公司是否应推出该现金折扣政策。

3. 甲公司下设 A、B 两个投资中心。A 投资中心的平均经营资产为 200 万元，投资收益率为 15%；B 投资中心的投资收益率为 17%，剩余收益为 20 万元。甲公司要求的平均最低投资收益率为 12%。现甲公司决定追加平均经营资产 100 万元，若投向 A 投资中心，每年可增加息税前利润 20 万元；若投向 B 投资中心，每年可增加息税前利润 15 万元。

要求：

（1）计算追加投资前 A 投资中心的剩余收益。

（2）计算追加投资前 B 投资中心的平均经营资产。

（3）计算追加投资前甲公司的投资收益率。

（4）若 A 投资中心接受追加投资，计算其剩余收益。

（5）若 B 投资中心接受追加投资，计算其投资收益率。

五、综合题（本类题共 2 小题，共 25 分。凡要求计算的，可不列出计算过程；计算结果出现两位以上小数的，均四舍五入保留小数点后两位小数，百分比指标保留百分号前两位小数。凡要求解释、分析、说明理由的，必须有相应的文字阐述）

1. 乙公司现有生产线已满负荷运转，鉴于其产品在市场上供不应求，公司准备购置一条生产线，公司及生产线的相关资料如下：

资料一：乙公司生产线的购置有两个方案可供选择：

A 方案：生产线的购买成本为 7 200 万元，预计使用 6 年，采用直线法计提折旧，预计净残值率为 10%，生产线投产时需要投入营运资金 1 200 万元，以满足日常经营活动需要，生产线运营期满时垫支的营运资金全部收回，生产线投入使用后，预计每年新增销售收入 11 880 万元，每年新增付现成本 8 800 万元，假定生产线购入后可立即投入使用。

B 方案：生产线的购买成本为 7 200 万元，预计使用 8 年，当设定贴现率为 12% 时净现值为 3 228.94 万元。

资料二：乙公司适用的企业所得税税率为 25%，不考虑其他相关税金，公司要求的最低投资收益率为 12%，部分时间价值系数如下表所示。

货币时间价值系数表

年度（n）	1	2	3	4	5	6	7	8
（P/F, 12%, n）	0.8929	0.7972	0.7118	0.6355	0.5674	0.5066	0.4523	0.4039
（P/A, 12%, n）	0.8929	1.6901	2.4018	3.0373	3.6048	4.1114	4.5638	4.9676

资料三：乙公司目前资本结构（按市场价值计算）为：总资本 40 000 万元，其中债务资本 16 000 万元（市场价值等于其账面价值，平均年利率为 8%），普通股股本 24 000 万元（市价 6 元/股，4 000 万股），公司今年的每股股利（D_0）为 0.3 元，预计股利年增长率为 10%，且未来股利政策保持不变。

资料四：乙公司投资所需资金 7 200 万元需要从外部筹措，有两种方案可供选择：方案一为全部增发普通股，增发价格为 6 元/股。方案二为全部发行债券，债券年利率为 10%，按年支付利息，到期一次性归还本金。假设不考虑筹资过程中发生的筹资费用。乙公司预期的年息税前利润为 4 500 万元。

要求：

（1）根据资料一和资料二，计算 A 方案的下列指标：

①投资期现金净流量。

②年折旧额。

③生产线投入使用后第 1～5 年每年的营业现金净流量。

④生产线投入使用后第 6 年的现金净流量。

⑤净现值。

（2）分别计算 A、B 方案的年金净流量，据以判断乙公司应选择哪个方案，并说明理由。

（3）根据资料三和资料四：

①计算方案一和方案二的每股收益无差别点（以息税前利润表示）。

②计算每股收益无差别点的每股收益。

③运用每股收益分析法判断乙公司应选择哪一种筹资方案，并说明理由。

（4）假定乙公司按方案二进行筹资，根据资料三和资料四计算：

①乙公司普通股的资本成本。

②筹资后乙公司的加权平均资本成本。

2. 甲公司是一家制造企业，近几年公司生产经营比较稳定，并假定产销平衡，公司结合自身发展和资本市场环境，以利润最大化为目标，并以每股收益作为主要评价指标。有关资料如下：

资料一，2024 年度当年实际归属于普通股股东的净利润为 8 400 万元，2024 年初，公司发行在外的普通股股数为 3 000 万股，2024 年 9 月 30 日，公司增发普通股 2 000 万股。

资料二，2025 年 7 月 1 日，公司发行可转换债券一批，债券面值为 8 000 万元，期限为 5 年，2 年后可以转换为本公司的普通股，转换价格为每股 10 元，可转换债券当年发生的利息全部计入当期损益，其对于公司当年净利润的影响数为 200 万元。公司当年归属于普通股股东的净利润为 10 600 万元，公司适用的企业所得税税率为 25%。

资料三，2025 年末，公司普通股的每股市价为 31.8 元，同行业类似可比公司的市盈率均在 25 倍左右（按基本每股收益计算）。

要求：

（1）根据资料一，计算公司 2024 年的基本每股收益。

（2）根据资料二和资料三，计算公司 2025 年的基本每股收益和稀释每股收益。

（3）根据要求（2）基本每股收益的计算结果和资料三，计算公司 2025 年末市盈率，并初步判断市场对于该公司股票的评价偏低还是偏高。

2025 年度中级会计资格
《财务管理》全真模拟试题（二）

一、单项选择题（本类题共 20 小题，每小题 1.5 分，共 30 分。每小题备选答案中，只有一个符合题意的正确答案。错选、不选均不得分）

1. 某企业集团选择集权与分权相结合的财务管理体制，下列各项中，通常应当分权的是（　　）。
   A. 收益分配权
   B. 财务机构设置权
   C. 对外担保权
   D. 子公司业务定价权

2. 如果实际利率为 5%，通货膨胀率为 2%，则名义利率为（　　）。
   A. 7%
   B. 3%
   C. 7.1%
   D. 2.94%

3. 下列混合成本的分解方法中，表述不正确的是（　　）。
   A. 高低点法代表性较差
   B. 合同确认法要配合账户分析法使用
   C. 工业工程法通常适用于投入成本与产出数量之间有规律性联系的成本分解
   D. 账户分析法需要利用账户资料进行分析判断，是一种较为精确的分析方法

4. 对于长期借款合同，债权人通常会附加各种保护性条款。下列属于一般性保护条款的是（　　）。
   A. 限制公司增加举债规模
   B. 不准贴现应收票据或出售应收账款
   C. 不准将资产用作其他承诺的担保或抵押
   D. 借款用途不得改变

5. 某企业年初从租赁公司租入一套设备，价值 40 万元，租期 5 年，租赁期满时预计残值为 5 万元，归租赁公司所有。租金每年年末等额支付，年利率 8%，租赁年手续费率为 2%。有关货币时间价值系数如下：（P/F，8%，5）＝0.6806；（P/F，10%，5）＝0.6209；（P/A，8%，5）＝3.9927；（P/A，10%，5）＝3.7908。则每年的租金为（　　）万元。
   A. 10.55
   B. 10.02
   C. 9.17
   D. 9.73

6. 某公司普通股目前的股价为 25 元/股，筹资费率为 6%，刚刚支付的每股股利为 2 元，股利固定增长率 2%，则该企业利用留存收益的资本成本为（　　）。

    A. 10. 16%   B. 10%   C. 8%   D. 8. 16%

7. 某公司 2024 年普通股收益为 100 万元，2025 年息税前利润预计增长 20%，假设财务杠杆系数为 3，则 2025 年普通股收益预计为（　　）万元。

    A. 300   B. 120   C. 100   D. 160

8. 某公司经营风险较大，准备采取系列措施降低杠杆程度，下列措施中，无法达到这一目的的是（　　）。

    A. 降低利息费用   B. 降低固定成本水平

    C. 降低变动成本   D. 提高产品销售单价

9. 有一种资本结构理论认为，有负债企业的价值等于无负债企业价值加上税赋节约现值，再减去财务困境成本的现值，这种理论是（　　）。

    A. 代理理论   B. 权衡理论

    C. MM 理论   D. 优序融资理论

10. 甲投资项目各年的预计净现金流量分别为：$NCF_0 = -500$ 万元，$NCF_1 = -500$ 万元，$NCF_{2 \sim 3} = 400$ 万元，$NCF_{4 \sim 11} = 250$ 万元，$NCF_{12} = 150$ 万元，营业期第 5 年年末的累计折现现金净流量为 0，则该项目包括投资期的静态回收期和包括投资期的动态回收期分别为（　　）年。

    A. 2. 8、5   B. 3. 2、6   C. 3. 8、6   D. 4. 2、5

11. 债券 A 和债券 B 是两只在同一资本市场上刚发行的按年付息的债券。它们的面值和票面利率均相同，只是到期时间不同。假设两只债券的风险相同，并且等风险投资的必要收益率低于票面利率，则（　　）。

    A. 偿还期限长的债券价值低

    B. 偿还期限长的债券价值高

    C. 两只债券的价值相同

    D. 两只债券的价值不同，但不能判断其高低

12. 赊销在企业生产经营中所发挥的作用是（　　）。

    A. 增强现金   B. 增强存货   C. 促进销售   D. 减少借款

13. 甲项目需要在投资开始时一次性投入固定资产投资 300 万元，建设期 2 年，项目建成时垫支营运资金 100 万元，项目投产后各年营业现金净流量依次为 120 万元、125 万元、133 万元、200 万元、300 万元。则该项目的静态回收期为（　　）年。

    A. 3. 11   B. 4. 11   C. 5. 11   D. 6. 11

14. 关于获取现金能力的有关财务指标，下列表述中正确的是（　　）。

    A. 全部资产现金回收率指标不能反映公司获取现金的能力

    B. 用长期借款方式购买固定资产会影响营业现金比率

    C. 公司将销售政策由赊销改为现销方式后，不会对营业现金比率产生影响

    D. 每股营业现金净流量是经营活动现金流量净额与普通股股数之比

15. 某企业本月预计生产 A 产品 10 400 件，实际生产 8 000 件，用工 10 000 小时，实际发生固定制造费用 190 000 元，其中 A 产品的固定制造费用标准分配率为 12 元/小时，工时标准为 1.5 小时/件，则下列计算中不正确的是（　　）。

 A. 固定制造费用耗费差异为 2 800 元的超支差异

 B. 固定制造费用能量差异为 43 200 元的超支差异

 C. 固定制造费用成本差异为 46 000 元的超支差异

 D. 固定制造费用效率差异为 24 000 元的超支差异

16. 根据本量利分析原理，下列各项中，将导致盈亏平衡点的销售额提高的是（　　）。

 A. 降低单位变动成本   B. 降低变动成本率

 C. 降低边际贡献率   D. 降低固定成本总额

17. 股票回购对上市公司的影响是（　　）。

 A. 有利于保护债权人利益

 B. 分散控股股东的控制权

 C. 传递公司股价被市场高估的信号

 D. 降低资产流动性

18. 股权激励的限制性股票模式的优点是（　　）。

 A. 存在一个能推动股价上涨的激励机制

 B. 在限制期间公司不需要支付现金对价，便能够留住人才

 C. 在企业股价下降的时候，仍能达到激励的效果

 D. 能够降低委托代理成本

19. 某企业编制第四季度资金预算，现金余缺部分列示金额为 –18 500 元，现金筹措与运用部分列示归还长期借款利息 500 元。企业需要保留的现金余额为 10 000 元，若现金不足需借入短期借款，短期借款年利率为 8%，新增借款发生在季度期初，偿还借款本金发生在季度期末，先偿还短期借款；借款利息按季度平均计提，并在季度期末偿还。银行借款的金额要求是 1 000 元的整数倍，那么企业第四季度的借款额为（　　）元。

 A. 30 000 B. 29 000 C. 32 000 D. 31 000

20. 甲公司的生产经营存在季节性，每年的 6～10 月是生产经营旺季，11 月至次年 5 月是生产经营淡季。如果使用应收账款年初余额和年末余额的平均数计算应收账款周转次数，计算结果会（　　）。

 A. 高估应收账款周转速度

 B. 低估应收账款周转速度

 C. 正确反映应收账款周转速度

 D. 无法判断对应收账款周转速度的影响

二、多项选择题（本类题共 10 小题，每小题 2 分，共 20 分。每小题备选答案中，有两个或两个以上符合题意的正确答案。请至少选择两个答案。全部选对得满分，少选得相应分值，多选、错选、不选均不得分）

1. 下列各项中，属于衍生金融工具的有（   ）。
   A. 远期合同　　　B. 期货合同　　　C. 互换合同　　　D. 期权合同

2. 关于资本资产定价模型，下列说法中正确的有（   ）。
   A. 该模型反映资产的必要收益率而不是实际收益率
   B. 该模型中的资本资产主要指的是债券资产
   C. 该模型解释了风险收益率的决定因素和度量方法
   D. 该模型反映了系统性风险对资产必要收益率的影响

3. 下列关于销售百分比法测算资金需求量的说法中，正确的有（   ）。
   A. 根据销售与资产之间的数量比例关系来预测外部筹资需求量
   B. 销售百分比法假设前提是某些资产与销售额存在稳定的百分比关系
   C. 外部筹资额等于销售增长而需要的资金需求增长额
   D. 随着销售而变化的敏感性负债、销售净利率、利润留存率会影响外部融资额

4. 当投资均发生在建设期，生产经营期每年都有正的现金净流量，采用回收期法进行项目评价时，下列表述中正确的有（   ）。
   A. 通常静态回收期会大于动态回收期
   B. 若动态回收期短于项目的寿命期，则净现值大于 0
   C. 若原始投资一次支出且每年净现金流量相等，静态回收期等于计算内含收益率所使用的年金现值系数
   D. 回收期可以正确反映项目总回报

5. 关于敏感性分析，下列表述中正确的有（   ）。
   A. 敏感系数 = 利润变动百分比/因素变动百分比
   B. 固定成本对利润的敏感系数为正数
   C. 敏感系数绝对值越大，说明利润对该参数的变化越敏感
   D. 敏感系数为负值，表明因素的变动方向和目标值的变动方向相反

6. 下列关于价格型内部转移定价的表述中，正确的有（   ）。
   A. 一般适用于内部利润中心
   B. 由成本和毛利构成
   C. 主要适用于分权程度较高的情形
   D. 以市场价格为基础

7. 某公司发放股利前的股东权益如下：股本 3 000 万元（每股面值 1 元），资本公积 2 000 万元，盈余公积 2 000 万元，未分配利润 5 000 万元。若每 10 股发放 1 股普通股作为股利，股利按市价（每股 10 元）计算，则公司发放股利后，下列说法中正确的有（   ）。

　　A. 未分配利润的金额为 2 000 万元

　　B. 股东权益的金额为 12 000 万元

　　C. 股本的金额为 3 300 万元

　　D. 盈余公积的金额为 4 700 万元

　　8. 企业综合绩效评价可分为财务绩效定量评价与管理绩效定性评价两部分，下列各项中，属于财务绩效定量评价内容的有（　　　）。

　　A. 资产质量

　　B. 盈利能力

　　C. 债务风险

　　D. 经营增长

　　9. 某公司采用弹性预算法编制制造费用预算，制造费用与工时密切相关，若业务量为 500 工时，制造费用预算为 18 000 元，若业务量为 300 工时，制造费用预算为 15 000 元，则下列说法中正确的有（　　　）。

　　A. 若业务量为 0，则制造费用为 0

　　B. 若业务量为 320 工时，则制造费用为 15 300 元

　　C. 制造费用中固定部分为 10 500 元

　　D. 单位变动制造费用预算为 15 元/工时

　　10. 关于杜邦分析体系所涉及的财务指标，下列表述中正确的有（　　　）。

　　A. 营业净利率可以反映企业的盈利能力

　　B. 权益乘数可以反映企业的偿债能力

　　C. 总资产周转率可以反映企业的营运能力

　　D. 总资产收益率是杜邦分析体系的起点

　　三、判断题（本类题共 10 小题，每小题 1 分，共 10 分。请判断每小题的表述是否正确。每小题答题正确的得 1 分，错答、不答均不得分，也不扣分）

　　1. 初创阶段，公司经营风险越高，财务管理越适宜采用分权型财务管理体制，因为分权型财务管理体制有利于分散经营风险。（　　　）

　　2. 弹性预算的公式法，在一定范围内预算可以随业务量变动而变动，可比性和适应性强，编制预算的工作量相对较小。（　　　）

　　3. 企业通过债务的形式获得债务资金，到期还本付息，并且债权人对企业经营状况不承担责任，因此，相比股权资金，债务资金财务风险大，资本成本低。（　　　）

　　4. 与债券筹资相比，股权筹资的信息沟通与披露成本较大。（　　　）

　　5. 认股权证本质上是一种股票期权，公司可通过发行认股权证实现融资和股票期权激励双重功能。（　　　）

　　6. 证券资产不能脱离实体资产而独立存在，因此，证券资产的价值取决于实体资产的现实经营活动所带来的现金流量。（　　　）

　　7. 企业的存货总成本随着订货批量的增加而呈正方向变化。（　　　）

　　8. 对作业和流程的执行情况进行评价时，使用的考核指标可以是财务指标也可以是非财务指标，其中非财务指标主要用于时间、质量、效率三个方面的考核。（　　　）

9. 根据"无利不分"原则，当企业出现年度亏损时，一般不进行利润分配。（　　）

10. 计算利息保障倍数时，"应付利息"指的是计入财务费用中的利息支出，不包括资本化利息。（　　）

四、计算分析题（本类题共 3 小题，共 15 分。凡要求计算的，可不列出计算过程；计算结果出现两位以上小数的，均四舍五入保留小数点后两位小数，百分比指标保留百分号前两位小数。凡要求解释、分析、说明理由的，必须有相应的文字阐述）

1. 甲公司适用的企业所得税税率为 25%，计划追加筹资 20 000 万元，方案如下：向银行取得长期借款 3 000 万元，借款年利率为 4.8%，每年付息一次；发行面值为 5 600 万元、发行价格为 6 000 万元的公司债券，票面利率为 6%，每年付息一次；增发普通股 11 000 万元。假定资本市场有效，当前无风险收益率为 4%，市场平均收益率为 10%，甲公司普通股的 β 系数为 1.5，不考虑筹资费用、货币时间价值等其他因素。

要求：

（1）计算长期借款的资本成本率。

（2）计算发行债券的资本成本率。

（3）利用资本资产定价模型，计算普通股的资本成本率。

（4）计算追加筹资方案的平均资本成本率。

2. 乙公司生产销售 A 产品，相关资料如下：

资料一：2022 年采用"$n/30$"的信用条件收款，全年销售额（全部为赊销）为 5 000 万元，平均收现期为 40 天。

资料二：2023 年初，乙公司为了尽早收回货款，提出了"$2/10$，$n/30$"的信用条件。新的折扣条件对销售额没有影响，但坏账损失和收账费用共减少 100 万元。预计占销售额一半的客户将享受现金折扣优惠，享受现金折扣的客户均在第 10 天付款；不享受现金折扣的客户，平均付款期为 40 天。

资料三：2023 年标准总工时为 70 000 小时，标准变动制造费用总额为 455 万元。单位标准工时为 2 小时/件。2023 年实际生产 A 产品 36 000 件，实际耗用总工时 75 600 小时，实际发生变动制造费用 529.2 万元。

资料四：该公司的资本成本为 12%，变动成本率为 50%。假设一年按 360 天计算，不考虑增值税及其他因素的影响。

要求：

（1）计算信用条件改变引起的现金折扣成本的增加额。

（2）计算信用条件改变后的应收账款平均收现期。

（3）计算信用条件改变引起的应收账款机会成本的增加额。

（4）计算信用条件改变引起的税前利润增加额，并判断提供现金折扣的信用条件是否可行，并说明理由。

（5）计算 A 产品的变动制造费用效率差异。

3. 甲公司是一家上市公司，当年取得的利润在下年分配，2023 年公司净利润为 10 000 万元，2024 年分配现金股利 3 000 万元。预计 2024 年净利润为 12 000 万元，2025 年只投资一个新项目，总投资额为 8 000 万元。

要求：

（1）如果甲公司采用固定股利政策，计算 2024 年净利润的股利支付率。

（2）如果甲公司采用固定股利支付率政策，计算 2024 年净利润的股利支付率。

（3）如果甲公司采用剩余股利政策，目标资本结构是负债：权益＝2：3，计算 2024 年净利润的股利支付率。

（4）如果甲公司采用低正常股利加额外股利政策，低正常股利为 2 000 万元，额外股利为 2024 年净利润扣除低正常股利后余额的 16%，计算 2024 年净利润的股利支付率。

（5）比较上述股利政策的优点和缺点。

五、综合题（本类题共 2 小题，共 25 分。凡要求计算的，可不列出计算过程；计算结果出现两位以上小数的，均四舍五入保留小数点后两位小数，百分比指标保留百分号前两位小数。凡要求解释、分析、说明理由的，必须有相应的文字阐述）

1. 甲公司是一家专门从事医药研发的公司，最近准备扩大经营范围，从事药品的研发、生产和销售。公司自主研发并申请发明专利的甲注射液，有关资料如下：

资料一：甲注射液的生产能力为 800 万支/年。公司经过市场分析认为，新建生产线的预计支出为 5 000 万元，税法规定的折旧年限为 10 年，残值率为 5%，按照直线法计提折旧。新生产线计划使用 7 年，项目结束时的变现价值预计为 1 200 万元。甲注射液销售价格为每支 10 元，单位变动成本为每支 6 元，每年的付现固定成本为 120 万元。新建完成后，前两年每年销量为 200 万支，后 5 年每年销量为 400 万支。

新建的生产线预计能在 2022 年末完成并投入使用。为简化计算，假设项目的初始现金流量均发生在 2022 年末（零时点），营业现金流量均发生在以后各年年末，初始垫支的营运资本为 300 万元，在项目结束时全部收回。

资料二：公司财务人员对三家已经上市的医药研发、制造及销售的企业 A、B、C 进行了分析，相关财务数据如下：

项目		A	B	C
$\beta_{权益}$		1.10	1.20	1.40
资本结构	债务资本	40%	50%	60%
	权益资本	60%	50%	40%
	公司所得税税率	15%	25%	20%

资料三：甲公司税前债务资本成本为 10%，预计继续增加借款不会发生明显变化，

公司所得税税率为25%。公司目标资本结构是权益资本占60%，债务资本占40%。当前无风险报酬率为5%，股票市场平均报酬率为10%。

资料四：相关货币时间价值系数如下表所示。

i	8%	9%	10%
$(P/F, i, 2)$	0.8573	0.8417	0.8264
$(P/F, i, 4)$	0.735	0.7084	0.683
$(P/F, i, 7)$	0.5835	0.547	0.5132
$(P/A, i, 2)$	1.7833	1.7591	1.7355
$(P/A, i, 4)$	3.3121	3.2397	3.1699
$(P/A, i, 7)$	5.2064	5.033	4.8684

要求：

（1）根据资料二和资料三计算该项目的折现率（最后结果百分位取整）。

（2）根据要求（1）的结果以及资料一、资料四计算新建项目的初始现金流量（零时点的现金净流量）、第1~7年的现金净流量、项目的净现值，判断项目是否可行并说明原因。

（3）计算项目的静态回收期。

2. 乙公司是一家取暖用品制造商，经营旺季在冬季，有关资料如下。

资料一：乙公司2024年12月31日资产负债表部分数据如下表所示。

单位：万元

资产	年初数	年末数	负债与股东权益	年初数	年末数
流动资产	116 000	175 000	短期借款	30 000	60 000
固定资产	112 000	181 000	应付账款	50 000	72 000
			长期借款	40 000	80 000
			股本	10 000	20 000
			资本公积	50 000	73 000
			留存收益	48 000	51 000
资产总计	228 000	356 000	负债与股东权益总计	228 000	356 000

已知年初流动资产中波动性流动资产为36 000万元，年末流动资产中波动性流动资产为53 000万元。

资料二：乙公司2023年度及2024年度利润表部分数据如下表所示。

单位：万元

项目	2024 年度	2023 年度
营业收入	45 000	40 000
营业成本	28 000	25 000
期间费用	13 000（其中，财务费用 4 000）	12 000（其中，财务费用 3 000）
净利润	3 000	2 250

　　已知该公司的财务费用都是利息费用，营业成本和期间费用中的固定经营成本合计为 16 000 万元。公司适用的所得税税率为 25%，一年按 360 天计算。

　　要求：

　　（1）根据资料一和资料二，计算乙公司 2024 年下列指标：①营业收入增长率；②总资产增长率；③营业利润增长率；④严格意义上的资本保值增值率；⑤所有者权益增长率。

　　（2）根据资料一，判断乙公司 2024 年流动资产融资策略有什么变化，并说明理由。

　　（3）根据资料二，计算乙公司的下列指标：①2024 年的息税前利润；②2024 年的边际贡献。

　　（4）根据要求（3）的计算结果，计算 2025 年的经营杠杆系数、财务杠杆系数、总杠杆系数。如果 2025 年销售量在 2024 年销售量的基础上增长 5%，计算 2025 年息税前利润的增长率和每股收益的增长率。

2025 年度中级会计资格
《财务管理》全真模拟试题（三）

一、单项选择题（本类题共 20 小题，每小题 1.5 分，共 30 分。每小题备选答案中，只有一个符合题意的正确答案。错选、不选均不得分）

1. 某企业集团经过多年的发展，已初步形成从原料供应、生产制造到物流服务上下游密切关联的产业集群，当前集团总部管理层的素质较高，集团内部信息化管理的基础较好。据此判断，该集团最适宜的财务管理体制类型是（　　）。

 A. 集权型
 B. 分权型
 C. 自主型
 D. 集权与分权相结合型

2. 下列各项中不属于财务管理原则的是（　　）。

 A. 系统性原则
 B. 风险权衡原则
 C. 利益最大化原则
 D. 现金收支平衡原则

3. 甲公司拟购买由 A、B、C 三种股票构成的投资组合，资金权重分别为 20%、40%、40%。A、B、C 三种股票的 β 系数分别为 0.6、2、1.4，无风险收益率为 4%，市场平均收益率为 10%。根据资本资产定价模型，该投资组合的必要收益率是（　　）。

 A. 4% B. 12.88% C. 6% D. 12%

4. 假设甲公司的业务量以直接人工小时为单位，2023 年四个季度的业务量在 4 万 ~ 5 万小时之间变化，维修成本与业务量之间的关系如下表所示。

项目	第一季度	第二季度	第三季度	第四季度
业务量（万小时）	4.0	4.2	4.8	5.0
维修成本（万元）	100	104	109	108

利用高低点法建立维修成本的一般方程为（　　）。

 A. $Y = 51.75 + 11.25X$ B. $Y = 68 + 8X$

C. $Y = 55 + 11.25X$　　　　　　　　　　D. $Y = 70.6 + 8X$

5. 甲公司正在编制下一季度的销售费用预算，已知销量为 100 万件时，销售费用为 100 万元，单位变动销售费用为 0.6 元/件，每季度固定销售费用为 40 万元，预计下一季度的销量为 120 万件，则下一季度的销售费用预算为（　　）万元。

　　A. 120　　　　　　B. 140　　　　　　C. 72　　　　　　D. 112

6. 关于直接筹资和间接筹资，下列表述错误的是（　　）。

　　A. 直接筹资仅可以筹集股权资金　　　　B. 直接筹资的筹资费用较高

　　C. 发行股票属于直接筹资　　　　　　　D. 融资租赁属于间接筹资

7. 下列关于租赁筹资的说法中，不正确的是（　　）。

　　A. 能延长资金融通的期限

　　B. 与购买的一次性支出相比，财务风险大

　　C. 筹资的限制条件较少

　　D. 与银行借款和发行债券相比，资本成本负担较高

8. 下列各项中，属于内部筹资方式的是（　　）。

　　A. 发行股票　　　B. 留存收益　　　C. 银行借款　　　D. 发行债券

9. 关于公司债券的提前偿还条款，下列表述中正确的是（　　）。

　　A. 提前偿还条款降低了公司筹资的灵活性

　　B. 提前偿还所支付的价格通常随着到期日的临近而上升

　　C. 提前偿还所支付的价格通常低于债券面值

　　D. 当预测利率下降时，公司可提前赎回债券，而后以较低利率发行新债券

10. 甲公司计划开展新项目，需筹集长期资本 1 000 万元，可以利用贷款、发行债券、发行普通股三种方式筹集，对应的资本成本分别是 5%、9%、12%，有三种方案：方案一贷款、发行债券、发行普通股比例为 40%、10%、50%；方案二贷款、发行债券、发行普通股比例为 20%、80%、0；方案三贷款、发行债券、发行普通股比例为 0、50%、50%。甲公司应选择的方案为（　　）。

　　A. 方案一　　　B. 方案二　　　C. 方案三　　　D. 无法判断

11. 某公司 2024 年普通股收益为 100 万元，2025 年息税前利润预计增长 20%，假设财务杠杆系数为 3，则 2025 年普通股收益预计为（　　）万元。

　　A. 300　　　　　　B. 120　　　　　　C. 100　　　　　　D. 160

12. 采用静态回收期法进行项目评价时，下列表述错误的是（　　）。

　　A. 若每年现金净流量不相等，则无法计算静态回收期

　　B. 静态回收期法没有考虑资金时间价值

　　C. 若每年现金净流量相等，则静态回收期等于原始投资额除以每年现金净流量

　　D. 静态回收期法没有考虑回收期后的现金流量

13. 某投资项目只有第一年年初产生现金净流出，随后各年均产生现金净流入，且其动态回收期短于项目的寿命期，则该投资项目的净现值（　　）。

　　A. 大于 0　　　B. 无法判断　　　C. 等于 0　　　D. 小于 0

14. 某投资项目需要在第一年年初投资 840 万元，寿命期为 10 年，每年可带来营业现金流量 180 万元，已知按照必要收益率计算的 10 年期年金现值系数为 7.0，则该投资项目的年金净流量为（　　）万元。

　　A. 60　　　　　　　　B. 120　　　　　　　　C. 96　　　　　　　　D. 126

15. 某公司全年（按 360 天计）材料采购量预计为 10 800 吨，假定材料日耗均衡，从订货到送达正常需要 3 天，鉴于延迟交货会产生较大损失，公司按照延误天数 3 天建立保险储备，不考虑其他因素，材料再订货点为（　　）吨。

　　A. 80　　　　　　　　B. 120　　　　　　　　C. 60　　　　　　　　D. 100

16. 现有 A、B、C 三个项目投资方案，其净现值分别为 100 万元、120 万元和 70 万元，现值指数分别为 1.09、1.08 和 1.10，内含收益率分别为 11%、12.5% 和 12.7%。则项目投资的优先次序为（　　）。

　　A. A、B、C　　　　　　　　　　　　B. B、A、C

　　C. C、A、B　　　　　　　　　　　　D. C、B、A

17. 下列各项因素中，不影响存货经济订货批量计算结果的是（　　）。

　　A. 存货年需要量　　　　　　　　　B. 单位变动储存成本

　　C. 保险储备　　　　　　　　　　　D. 每次订货变动成本

18. 下列计算息税前利润的公式中，不正确的是（　　）。

　　A. 销售量×（单价－单位变动成本）－固定成本

　　B. 销售收入×（1－变动成本率）－固定成本

　　C. 安全边际率×边际贡献

　　D. 盈亏平衡点销售量×边际贡献率

19. 某产品标准工时为 2 小时/件，变动制造费用标准分配率为 3 元/小时，如果实际产量为 3 000 件，实际工时为 6 300 小时，实际变动制造费用为 20 160 元。则变动制造费用效率差异为（　　）元。

　　A. 1 260　　　　　　　B. 630　　　　　　　C. 2 160　　　　　　　D. 900

20. 下列各项中，应使用强度动因作为作业量计量单位的是（　　）。

　　A. 产品的生产准备　　　　　　　　B. 复杂产品的安装

　　C. 接受订单数　　　　　　　　　　D. 处理收据数

二、多项选择题（本类题共 10 小题，每小题 2 分，共 20 分。每小题备选答案中，有两个或两个以上符合题意的正确答案。请至少选择两个答案。全部选对得满分，少选得相应分值，多选、错选、不选均不得分）

1. 为了缓解公司债权人和股东之间的利益冲突，债权人可以采取的措施有（　　）。

　　A. 设置借债担保条款　　　　　　　B. 不再给予新的借款

　　C. 限制支付现金股利　　　　　　　D. 事先规定借债用途

2. 下列关于资产收益率的说法中，正确的有（　　）。

A. 实际收益率的高低受到通货膨胀的影响

B. 一般采用加权平均的方法计算预期收益率

C. 无风险收益率等于纯粹利率

D. 必要收益率等于无风险收益率加上风险收益率

3. 关于租赁的筹资特点，下列表述中正确的有（　　）。

A. 无须大量资金就能迅速获得资产

B. 相对于发行债券，资本成本较低

C. 相对于借款购买资产，财务风险较大

D. 相对于长期借款筹资限制条件较少

4. 相对于股权筹资，下列各项中属于债务筹资优点的有（　　）。

A. 财务风险较小

B. 资本成本较低

C. 可以形成稳定的资本基础

D. 可以利用财务杠杆

5. 平均资本成本计算涉及对个别资本的权重选择问题，对于有关价值权数，下列说法中正确的有（　　）。

A. 账面价值权数不适合评价现时的资本结构合理性

B. 目标价值权数一般以历史账面价值为依据

C. 目标价值权数更适用于企业未来的筹资决策

D. 市场价值权数能够反映现时的资本成本水平

6. 如果某项目投资方案的内含收益率大于必要报酬率，则（　　）。

A. 年金净流量大于原始投资额现值

B. 现值指数大于 1

C. 净现值大于 0

D. 静态回收期小于项目寿命期的一半

7. 某投资项目的原始投资全部于建设期初一次性投入，建设期为 1 年，经营期限为 10 年，经营期内每年现金净流量均为正数，资本成本率为 12%，若该投资项目现值指数大于 1，下列说法中正确的有（　　）。

A. 静态回收期小于 11 年

B. 内含收益率大于 12%

C. 净现值大于 0

D. 年金净流量大于原始投资额

8. 根据我国对短期融资券的相关规定，下列说法中正确的有（　　）。

A. 与银行借款相比，短期融资券发行条件较为严格

B. 企业需要为发行的短期融资券提供担保

C. 短期融资券面向社会公众发行和交易

D. 与企业债券相比，短期融资券的筹资成本较低

9. 下列指标中适用于对利润中心进行业绩考评的有（　　　）。

    A. 投资收益率　　　　　　　　　　　B. 部门边际贡献

    C. 剩余收益　　　　　　　　　　　　D. 可控边际贡献

10. 某公司发放股利前的股东权益项目如下：普通股股数 3 000 万股，无优先股，股本 3 000 万元，未分配利润 5 000 万元，资本公积 2 000 万元，盈余公积 2 000 万元。公司执行按每 10 股发放股票股利 1 股的股利分配政策。股票股利按市价计算，每股市场价格为 10 元，分配完毕后，下列说法中正确的有（　　　）。

    A. 股本 3 300 万元　　　　　　　　　B. 未分配利润 2 000 万元

    C. 所有者权益 12 000 万元　　　　　D. 盈余公积 4 700 万元

三、判断题（本类题共 10 小题，每小题 1 分，共 10 分。请判断每小题的表述是否正确。每小题答题正确的得 1 分，错答、不答均不得分，也不扣分）

1. 纯利率是指在没有通货膨胀、无风险情况下资金市场的最低利率。（　　）

2. 利润表预算编制时，"所得税费用"项目的数据，通常是根据利润表预算中的"利润"项目金额和本企业适用的法定所得税税率计算出来的。（　　）

3. 能在直接材料预算中找到的项目包括产品销量、产品产量、期末材料存货、期初材料存货。（　　）

4. 相对于发行企业债券筹资而言，发行短期融资券的筹资成本较低。（　　）

5. 其他条件不变时，优先股的发行价格越高，其资本成本率也越高。（　　）

6. 基于优序融资理论，在成熟的金融市场中，企业筹资方式的优先顺序依次为内部筹资、股权筹资和债务筹资。（　　）

7. 在银行授予企业的信贷额度内，企业可以按需借款，银行应当承担满足企业在贷款限额内的全部需求的法律义务。（　　）

8. 在作业成本法下，一个作业中心只能包括一种作业。（　　）

9. "手中鸟"理论认为当公司支付较高的股利时，公司的股票价格会随之下降。（　　）

10. 对于认股权证和股份期权，在计算稀释每股收益时，作为分子的净利润金额一般不变。（　　）

四、计算分析题（本类题共 3 小题，共 15 分。凡要求计算的，可不列出计算过程；计算结果出现两位以上小数的，均四舍五入保留小数点后两位小数，百分比指标保留百分号前两位小数。凡要求解释、分析、说明理由的，必须有相应的文字阐述）

1. 甲公司生产 A 产品，有关产品成本和预算的信息如下：

资料一：A 产品成本由直接材料、直接人工、制造费用三部分构成，其中，制造费用属于混合成本。2024 年第一季度至第四季度 A 产品的产量与制造费用数据如下表所示。

项目	第一季度	第二季度	第三季度	第四季度
产量（件）	5 000	4 500	5 500	4 750
制造费用（元）	50 500	48 000	54 000	48 900

资料二：根据甲公司 2025 年预算，2025 年第一季度 A 产品预计生产量为 5 160 件。

资料三：2025 年第一季度至第四季度 A 产品的生产预算如下表所示，每季度末 A 产品的产成品存货量按下一季度销售量的 10% 确定。

单位：件

项目	第一季度	第二季度	第三季度	第四季度	合计
预计销售量	5 200	4 800	6 000	5 000	×
预计期末产成品存货	480	a	d	×	×
预计期初产成品存货	520	b	e	×	×
预计生产量	5 160	c	f	×	×

注：表内的"×"表示省略的数值。

资料四：2025 年 A 产品预算单价为 200 元，各季度销售收入有 70% 在本季度收回现金，30% 在下一季度收回现金。

要求：

（1）根据资料一，按照高低点法对制造费用进行分解，计算 2024 年制造费用中单位变动制造费用和固定制造费用总额。

（2）根据要求（1）的计算结果和资料二，计算 2025 年第一季度 A 产品的预计制造费用总额。

（3）根据资料三，分别计算表格中 a、b、c、d、e、f 所代表的数值。

（4）根据资料三和资料四，计算：

①2025 年第二季度的销售收入预算总额；

②2025 年第二季度的相关现金收入预算总额。

2. E 公司只产销一种甲产品，甲产品只消耗乙材料。2024 年第四季度按定期预算法编制 2025 年的企业预算，部分预算资料如下：

资料一：乙材料 2025 年初的预计结存量为 2 000 千克，各季度末乙材料的预计结存量数据如下表所示。

2025 年各季度末乙材料预计结存量 单位：千克

项目	第一季度	第二季度	第三季度	第四季度
乙材料	1 000	1 200	1 200	1 300

每季度乙材料的购货款于当季度支付 40%，剩余 60% 于下一个季度支付；2025 年初的预计应付账款余额为 80 000 元。该公司 2025 年度乙材料的采购预算如下表所示。

项目	第一季度	第二季度	第三季度	第四季度	全年
预计甲产品量（件）	3 200	3 200	3 600	4 000	14 000
材料定额单耗（千克/件）	5	×	×	×	×
预计生产需要量（千克）	×	16 000	×	×	70 000
加：期末结存量（千克）	×	×	×	×	×
预计需要量合计（千克）	17 000	（A）	19 200	21 300	（B）
减：期初结存量（千克）	×	1 000	（C）	×	×
预计材料采购量（千克）	（D）	×	×	20 100	（E）
材料计划单价（元/千克）	10	×	×	×	×
预计采购金额（元）	150 000	162 000	180 000	201 000	693 000

注：表内"材料定额单耗"是指在现有生产技术条件下，生产单位产品所需要的材料数量；全年乙材料计划单价不变；表内的"×"为省略的数值。

资料二：E 公司 2025 年第一季度实际生产甲产品 3 400 件，耗用乙材料 20 400 千克，乙材料的实际单价为 9 元/千克。

要求：

（1）确定 E 公司乙材料采购预算表中用字母表示的项目数值（不需要列示计算过程）。

（2）计算 E 公司 2025 年第一季度预计采购现金支出和第四季度末预计应付款金额。

（3）计算乙材料的单位标准成本。

（4）计算 E 公司 2025 年第一季度甲产品消耗乙材料的成本差异、价格差异与用量差异。

（5）根据上述计算结果，指出 E 公司进一步降低甲产品消耗乙材料成本的主要措施。

3. 甲公司只生产并销售 A 产品，产销平衡，销售采用现销方式。目前正在作 2025 年的盈亏平衡分析和信用政策决策。

资料一：2024 年 A 产品单价为 80 元/件，单位变动成本为 20 元/件，固定成本总额为 63 000 元，销售量水平为 3 000 件。因为改进了工艺，2025 年 A 产品的单位变动成本降为 15 元/件，公司决定把单价也调低相同百分比，预计 2025 年产品销售量将提高到 3 500 件，假设固定成本总额不变。

资料二：为了进一步提升产品市场占有率，公司决定 2025 年将现销方式改为赊销方式，假设此时应收账款周转率为 4 次，存货周转率为 6 次，应付账款周转率为 3.6 次。假设全年按 360 天计算。

要求：

（1）根据资料一，计算 A 产品 2025 年的单位边际贡献、边际贡献率、盈亏平衡点的业务量、盈亏平衡作业率、安全边际率、销售利润率。

（2）假设资料一中，单位变动成本下降后，2025 年目标息税前利润需达到 84 000 元，则 2025 年可接受的最低单价是多少？

（3）根据资料二，计算 2025 年该公司的现金周转期。

五、综合题（本类题共 2 小题，共 25 分。凡要求计算的，可不列出计算过程；计算结果出现两位以上小数的，均四舍五入保留小数点后两位小数，百分比指标保留百分号前两位小数。凡要求解释、分析、说明理由的，必须有相应的文字阐述）

1. 甲公司生产和销售 A 产品，有关资料如下：

资料一：2023 年产销量为 45 000 件，单价为 240 元/件，单位变动成本为 200 元/件，固定成本总额为 1 200 000 元。

资料二：2023 年公司负债为 4 000 000 元，平均利息率为 5%；发行在外的普通股为 800 000 股。公司适用的企业所得税税率为 25%。

资料三：公司拟在 2024 年初对生产线进行更新，更新后，原有产销量与单价保持不变，单位变动成本将降低到 150 元/件，年固定成本总额将增加到 1 800 000 元。

资料四：生产线更新需要融资 6 000 000 元，公司考虑如下两种融资方案：一是向银行借款 6 000 000 元，新增借款利息率为 6%；二是增发普通股 200 000 股，每股发行价为 30 元。

要求：

（1）根据资料一，计算 2023 年下列指标：①息税前利润；②盈亏平衡点销售额。

（2）根据资料一和资料二，以 2023 年为基期，计算：①经营杠杆系数；②财务杠杆系数；③总杠杆系数。

（3）根据资料一和资料二，计算 2023 年每股收益。

（4）根据资料一、资料二和资料三，计算生产线更新后的下列指标：①盈亏平衡点销售量；②安全边际率；③息税前利润。

（5）根据资料一至资料四，计算每股收益无差别点的息税前利润，并据此判断应选择哪种融资方案。

（6）若资料四中生产线更新所需从外部追加的资金均采用发行债券方式取得，每张债券面值为 1 000 元，票面利率 8%，期限 5 年，每年年末付息，到期还本，发行价格为 900 元，所得税税率为 25%，假设不考虑筹资费用的影响，运用一般模式计算债券的资本成本。

2. 某企业 2024 年 12 月 31 日的资产负债表（简表）如下表所示。

资产负债表（简表）

2024 年 12 月 31 日　　　　　　　　　　　　　　　　单位：万元

资产	期末数	负债及所有者权益	期末数
货币资金	300	应付账款	300
应收账款净额	900	应付票据	600
存货	1 800	长期借款	2 700
固定资产净值	2 100	实收资本	1 200
无形资产	300	留存收益	600
资产总计	5 400	负债及所有者权益总计	5 400

该企业 2024 年的销售收入为 6 000 万元，销售净利率为 10%，净利润的 50% 分配给投资者。预计 2025 年销售收入比 2019 年增长 25%，为此需要增加固定资产 200 万元，增加无形资产 100 万元，根据有关情况分析，企业流动资产项目和流动负债项目将随销售收入同比例增减。

假定该企业 2025 年的销售净利率和利润分配政策与上年保持一致，该年度长期借款不发生变化；2025 年末固定资产净值和无形资产合计为 2 700 万元。2025 年企业需要增加对外筹集的资金由投资者增加投入解决。

要求：

（1）计算 2025 年需要增加的营运资金。

（2）计算 2025 年需要增加对外筹集的资金（不考虑计提法定盈余公积的因素，以前年度的留存收益均已有指定用途）。

（3）计算 2025 年末的流动资产额、流动负债额、资产总额、负债总额和所有者权益总额。

（4）计算 2025 年末的速动比率和产权比率。

（5）计算 2025 年的流动资产周转次数和总资产周转次数。

（6）计算 2025 年的净资产收益率。

（7）计算 2025 年的所有者权益增长率和总资产增长率。

2025 年度中级会计资格
《财务管理》全真模拟试题（四）

一、**单项选择题**（本类题共 20 小题，每小题 1.5 分，共 30 分。每小题备选答案中，只有一个符合题意的正确答案。错选、不选均不得分）

1. 下列关于协调相关者的利益冲突的说法中，错误的是（　　）。
   A. 解聘是通过所有者约束经营者的办法
   B. 接收是通过市场约束经营者的办法
   C. 所有权和经营管理权分离后会产生产权问题
   D. 协调利益冲突的原则是使相关者的利益分配在数量上和时间上达到动态平衡
2. 下列风险管理对策中，属于"风险转移"对策的是（　　）。
   A. 退出某一市场以避免激烈竞争
   B. 采取合营方式实现风险共担
   C. 战略上的多种经营
   D. 提取风险准备金
3. 某资产的必要收益率为 R，β 系数为 1.5，市场收益率为 10%。假设无风险收益率和 β 系数不变，如果市场收益率为 8%，则资产的必要收益率为（　　）。
   A. $R-3\%$ B. $R-2\%$
   C. $R+3\%$ D. $R+2\%$
4. 某企业年度预计生产某产品 1 000 件，单位产品耗用材料 15 千克，该材料期初存量为 1 000 千克，预计期末存量为 3 000 千克，则全年预计采购量为（　　）千克。
   A. 18 000   B. 16 000   C. 15 000   D. 17 000
5. 下列各项中，既可以作为长期筹资方式又可以作为短期筹资方式的是（　　）。
   A. 发行可转换债券   B. 银行借款
   C. 发行普通股   D. 租赁
6. 与银行借款相比，下列各项中，不属于租赁筹资特点的是（　　）。
   A. 资本成本低   B. 财务风险小
   C. 融资期限长   D. 融资限制少

7. 与股权筹资相比，下列各项中，属于债务筹资缺点的是（　　）。

    A. 财务风险较大　　　　　　　　B. 资本成本较高

    C. 稀释股东控制权　　　　　　　　D. 筹资灵活性小

8. 下列各项中，不影响财务杠杆系数的因素是（　　）。

    A. 债务资金比重　　　　　　　　B. 普通股收益水平

    C. 固定成本总额　　　　　　　　D. 固定性资本成本

9. 甲公司只生产一种产品，当前的息税前利润为 80 万元。运用本量利关系对影响息税前利润的各因素进行敏感性分析后得出，单价的敏感系数为 3，单位变动成本的敏感系数为 -1.5，销售量的敏感系数为 1.5，固定成本的敏感系数为 -0.5。下列说法中，不正确的是（　　）。

    A. 上述影响息税前利润的因素中，单价是最敏感的，固定成本是最不敏感的

    B. 当单价提高 10% 时，息税前利润将增加 24 万元

    C. 当单位变动成本的上升幅度超过 50% 时，公司将转为亏损

    D. 经营杠杆系数为 1.5

10. 下列关于投资组合理论的表述中，正确的是（　　）。

    A. 投资组合能消除大部分系统性风险

    B. 投资组合的总规模越大，承担的风险就越大

    C. 特有风险是无法通过投资组合分散掉的

    D. 一般情况下随着更多的资产加入到投资组合之中，整体风险降低的速度越来越慢

11. 下列关于私募股权投资基金的表述中，不正确的是（　　）。

    A. 私募股权投资基金主要通过退出项目实现收益

    B. 投资周期长，投资收益稳定

    C. 对投资决策与管理的专业要求较高

    D. 投资后需进行非财务资源注入

12. 已知某投资项目于期初一次投入现金 1 000 万元，项目资本成本为 8%，内含收益率为 15%，项目寿命期为 5 年，建设期为 0，项目投产后每年可以产生等额的现金净流量。已知 $(P/A, 8\%, 5) = 3.9927$，$(P/A, 15\%, 5) = 3.3522$。则该项目的净现值为（　　）万元。

    A. 1 191.06　　　　　　　　　　B. 0

    C. 191.06　　　　　　　　　　　D. 298.31

13. 在固定资产更新决策中，旧设备原值为 1 000 万元，累计折旧为 800 万元，变价收入为 120 万元，企业所得税税率为 25%。不考虑其他因素。旧设备变现产生的现金净流量为（　　）万元。

    A. 150　　　　　　B. 100　　　　　　C. 140　　　　　　D. 90

14. 下列有关应收账款证券化筹资特点的说法中，错误的是（　　）。

    A. 拓宽企业融资渠道　　　　　　B. 提高融资成本

C. 盘活存量资产   D. 提高资产使用效率

15. 假设某企业只生产销售一种产品，单价 50 元，边际贡献率 40%，每年固定成本 300 万元，预计来年产销量为 20 万件，则价格对利润影响的敏感系数为（   ）。

     A. 10   B. 8   C. 4   D. 40

16. 对于成本中心而言，某项成本成为可控成本的条件不包括（   ）。

     A. 该成本是成本中心可以计量的

     B. 该成本的发生是成本中心可以预见的

     C. 该成本是成本中心可以调节和控制的

     D. 该成本是总部向成本中心分摊的

17. 某企业生产 A 产品，预计单位产品的制造成本为 80 元，计划销售 2 000 件，计划期的期间费用总额为 600 000 元，该产品适用的消费税税率为 5%，成本利润率必须达到 30%，根据上述资料，运用全部成本费用加成定价法测算的单位甲产品的价格应为（   ）元。

     A. 500   B. 508   C. 516   D. 520

18. M 商品一般纳税人适用的增值税税率为 13%，小规模纳税人的征收率为 3%。假设甲公司 2023 年 5 月购进 M 商品不含税价格为 182 000 元，当月实现的不含税销售额为 223 000 元，不考虑其他因素，则下列说法中正确的是（   ）。

     A. 无差别平衡点增值率为 28.8%

     B. 无差别平衡点增值率为 23.4%

     C. 甲公司作为一般纳税人的税负要轻于作为小规模纳税人的税负

     D. 甲公司作为一般纳税人的税负要重于作为小规模纳税人的税负

19. 甲公司 2025 年初流通在外普通股 5 000 万股，优先股 800 万股；2025 年 6 月 30 日增发普通股 3 000 万股。2025 年末股东权益合计 40 000 万元，每股优先股股东权益 5 元，无拖欠的累积优先股股息。2025 年末甲公司普通股每股市价为 15 元，市净率是（   ）。

     A. 3.88   B. 3.33   C. 3.67   D. 3.58

20. 下列关于资产负债率、权益乘数和产权比率（负债/所有者权益）之间关系的表达式中，正确的是（   ）。

     A. 资产负债率 + 权益乘数 = 产权比率

     B. 资产负债率 − 权益乘数 = 产权比率

     C. 资产负债率 × 权益乘数 = 产权比率

     D. 资产负债率/权益乘数 = 产权比率

二、多项选择题（本类题共 10 小题，每小题 2 分，共 20 分。每小题备选答案中，有两个或两个以上符合题意的正确答案。请至少选择两个答案。全部选对得满分，少选得相应分值，多选、错选、不选均不得分）

1. 下列各项中，可以直接或间接利用普通年金终值系数计算出确切结果的项目有（   ）。

    A. 偿债基金   B. 先付年金终值

    C. 永续年金现值   D. 永续年金终值

2. 与银行借款相比，公司发行债券筹资的特点有（   ）。

    A. 一次性筹资数额较大

    B. 资本成本较低

    C. 降低了公司财务杠杆水平

    D. 筹集资金的使用具有相对的自主性

3. 在编制资金预算时，计算某期现金余缺必须考虑的因素有（   ）。

    A. 期初现金余额   B. 期末现金余额

    C. 当期现金支出   D. 当期现金收入

4. 下列各项中，属于零基预算法特点的有（   ）。

    A. 能够灵活应对内外环境的变化

    B. 有助于增加预算编制透明度

    C. 预算编制的准确性受企业管理水平和相关数据标准准确性影响较大

    D. 可能导致无效费用开支无法得到有效控制

5. 根据资金习性将资金划分为不变资金、变动资金和半变动资金，下列各项中，属于变动资金的有（   ）。

    A. 原材料的保险储备占用的资金

    B. 直接构成产品实体的原材料占用的资金

    C. 外购件占用的资金

    D. 为维持营业而占用的最低数额的现金

6. 关于资本成本，下列说法正确的有（   ）。

    A. 资本成本是衡量资本结构是否合理的重要依据

    B. 资本成本一般是投资所应获得收益的最低要求

    C. 资本成本是取得资本所有权所付出的代价

    D. 资本成本是比较筹资方式、选择筹资方案的依据

7. 在两种证券构成的投资组合中，关于两种证券收益率的相关系数，下列说法正确的有（   ）。

    A. 当相关系数为 1 时，两种证券的收益率完全正相关，该投资组合能最大限度地降低风险

    B. 当相关系数为 –1 时，两种证券的收益率完全负相关，该投资组合能最大限度地降低风险

    C. 当相关系数为 0 时，两种证券的收益率不相关，该投资组合不能降低风险

    D. 通过投资组合可分散的风险为非系统风险

8. 在标准成本差异分析中，下列成本差异属于用量差异的有（   ）。

    A. 变动制造费用效率差异   B. 直接材料价格差异

　　C. 直接人工效率差异　　　　　　　　D. 变动制造费用耗费差异

9. 下列关于股权激励的股票期权模式的表述中，正确的有（　　　）。

　　A. 能够降低委托代理成本

　　B. 有利于降低激励成本

　　C. 可以锁定期权人的风险

　　D. 可能带来经营者的短期行为

10. 关于经济增加值绩效评价方法，下列表述中，正确的有（　　　）。

　　A. 经济增加值的计算主要基于财务指标，无法对企业进行综合评价

　　B. 同时考虑了债务资本成本和股权资本成本

　　C. 适用于对不同规模的企业绩效进行横向比较

　　D. 有助于实现经营者利益与企业利益的统一

三、判断题（本类题共 10 小题，每小题 1 分，共 10 分。请判断每小题的表述是否正确。每小题答题正确的得 1 分，错答、不答均不得分，也不扣分）

　　1. 在期数不变的情况下，复利终值系数随利率的变动而反向变动。（　　）

　　2. 根据证券投资组合理论，在其他条件不变的情况下，如果两项贷款的收益率具有完全正相关关系，则该证券投资组合不能够分散风险。（　　）

　　3. 属于编制全面预算的出发点和日常经营预算基础的是销售预算。（　　）

　　4. 上网定价发行与上网竞价发行不同，上网定价发行方式是事先确定价格，而上网竞价发行方式是事先确定发行底价，由发行时竞价决定发行价。（　　）

　　5. 对单个投资项目进行财务可行性评价时，利用净现值法和现值指数法所得出的结论是一致的。（　　）

　　6. 营运资金具有多样性、波动性、短期性、变动性和不易变现性等特点。（　　）

　　7. 标准成本法的优点在于能够提供更加准确的各维度成本信息，有助于企业提高产品定价、作业与流程改进、客户服务等决策的准确性。（　　）

　　8. 当公司处于经营稳定或成长期，对未来的盈利和支付能力可作出准确判断并具有足够把握时，可以考虑采用稳定增长的股利政策，增强投资者信心。（　　）

　　9. 影响企业偿债能力的有可动用的银行贷款指标或授信额度、资产质量、或有事项和承诺事项。（　　）

　　10. 每股净资产是理论上股票的最低价值。（　　）

四、计算分析题（本类题共 3 小题，共 15 分。凡要求计算的，可不列出计算过程；计算结果出现两位以上小数的，均四舍五入保留小数点后两位小数，百分比指标保留百分号前两位小数。凡要求解释、分析、说明理由的，必须有相应的文字阐述）

　　1. 某投资者准备购买甲公司的股票，当前甲公司股票的市场价格为 4.8 元/股，甲公司采用固定股利政策，预计每年的股利均为 0.6 元/股。已知甲公司股票的 β 系数为 1.5，无风险收益率为 6%，市场平均收益率为 10%。

要求：

（1）采用资本资产定价模型计算甲公司股票的必要收益率。

（2）以要求（1）的计算结果作为投资者要求的收益率，采用股票估价模型计算甲公司股票的价值，据此判断是否值得购买，并说明理由。

（3）采用股票估价模型计算甲公司股票的内部收益率。

2. 甲公司生产和销售 A、B、C 三种产品，采用联合单位法进行本量利分析，由 2 件 A 产品、1 件 B 产品和 2 件 C 产品构成一个联合单位。已知固定成本总额为 72 000 元，产品产销量、单价和单位变动成本数据如下表所示。

项目	A 产品	B 产品	C 产品
产销量（件）	2 000	1 000	2 000
单价（元）	60	90	75
单位变动成本（元）	40	60	50

要求：

（1）计算联合单价。

（2）计算联合单位变动成本。

（3）计算联合盈亏平衡点的业务量。

（4）计算 A 产品盈亏平衡点的业务量。

（5）计算三种产品的综合边际贡献率。

3. 甲公司生产销售 A 产品，设计生产能力为 150 万件/年，本年度计划生产并销售 120 万件，预计单位变动成本为 200 元。年固定成本费用总额为 3 000 万元，该产品适用的消费税税率为 5%，甲公司对计划内产品采取全部成本费用加成定价法，相应的成本利润率要求达到 30%；对计划外产品则采取变动成本加成定价法，相应的成本利润率同样要求达到 30%。

假定公司本年度接到一项计划外订单，客户要求订购 10 万件 A 产品，报价为 300 元/件。

要求：

（1）计算甲公司计划内 A 产品单位价格。

（2）计算甲公司计划外 A 产品单位价格。

（3）判断甲公司是否应当接受这项计划外订单，并说明理由。

五、综合题（本类题共 2 小题，共 25 分。凡要求计算的，可不列出计算过程；计算结果出现两位以上小数的，均四舍五入保留小数点后两位小数，百分比指标保留百分号前两位小数。凡要求解释、分析、说明理由的，必须有相应的文字阐述）

1. 甲公司拟进行一个新项目投资，需购置固定资产。现有 A、B 两个方案备选，相关资料如下：

资料一：甲公司现有长期资本 15 000 万元，其中，普通股股本为 9 000 万元（4 500 万股），长期借款为 6 000 万元。长期借款利率为 8%。该公司股票的系统风险是整个股票市场风险的 2 倍。目前整个股票市场平均收益率为 10%，无风险收益率为 4%。假设该投资项目的风险与公司整体风险一致。

资料二：A 方案需要在期初购置固定资产 300 万元，安装期限 1 年，预计使用寿命为 5 年，与税法规定折旧年限一致，期满无残值，采用直线法计提折旧。该项目投产后预计每年增加营业收入 300 万元、付现营业成本 80 万元。

资料三：B 方案需要在期初购置固定资产 200 万元，不需要安装就可以使用，预计使用寿命为 3 年，与税法规定折旧年限一致，预计净现值 233.93 元。

资料四：投资新项目所需资金需要筹集，有两种筹资方案可供选择，方案一为增发每股 2 元的普通股股票，方案二选择向银行取得长期借款，利息率 9%。

甲公司预期的息税前利润为 1 300 万元。适用的所得税税率为 25%，假设不考虑其他因素，相关货币时间价值系数如下表所示。

期数（n）	1	2	3	4	5	6
（$P/F, i, n$）	0.8929	0.7972	0.7118	0.6355	0.5674	0.5066
（$P/A, i, n$）	0.8929	1.6901	2.4018	3.0373	3.6048	4.1114

要求：

（1）根据资料一，利用资本资产定价模型计算甲公司普通股资本成本和加权平均资本成本。

（2）根据资料二，计算 A 方案的年折旧额、营业期每年的现金净流量及净现值。

（3）根据资料二和资料三，判断甲公司应采用哪个投资方案，并说明理由。

（4）根据资料四，结合要求（3），判断甲公司应选择哪种筹资方案，并说明理由。

2. 甲公司是一家制造企业，相关资料如下：

资料一：甲公司 2024 年末资本总额为 10 000 万元，其中长期银行借款 2 000 万元，年利率为 6%，所有者权益（包括普通股股本和留存收益）为 8 000 万元。公司计划在 2024 年追加筹集资金 10 000 万元，其中按面值发行债券 4 000 万元，票面年利率为 7%，期限 5 年，每年付息一次，到期一次还本，筹资费用率为 3%；平价发行优先股筹资 6 000 万元，固定股息率为 8%，筹资费用率为 4%。公司普通股 β 系数为 1.5，一年期国债利率为 3%，市场平均收益率为 9%，公司适用的所得税税率为 25%。假设不考虑筹资费用对资本结构的影响，发行债券和优先股不影响借款利率和普通股股价。预计公司 2025 年的税后净营业利润为 5 000 万元。

资料二：甲公司季节性采购一批商品，供应商报价为 500 万元。付款条件为"2/10，1/30，$N/60$"。目前甲公司资金紧张，预计到第 60 天才有资金用于支付，若要在 60 天内付款只能通过借款解决，银行借款年利率为 5%。假定一年按 360 天计算。

资料三：甲公司生产销售 A、B、C 三种产品，销售单价分别为 100 元、200 元、250 元；预计销售量分别为 12 000 件、8 000 件、4 000 件；预计各产品的单位变动成本分别为 60 元、140 元、140 元；预计固定成本总额为 1 000 000 元。

要求：

（1）根据资料一，完成下列要求：

①计算甲公司长期银行借款的资本成本。

②计算甲公司发行债券的资本成本（不用考虑货币时间价值）。

③计算甲公司发行优先股的资本成本。

④利用资本资产定价模型计算甲公司留存收益的资本成本。

⑤计算甲公司追加筹资后的加权平均资本成本。

⑥假设没有需要调整的项目，计算甲公司的经济增加值。

（2）根据资料二，完成下列要求：

①填写下表（不需要列示计算过程）。

应付账款折扣分析表

付款日	折扣率（%）	付款额（万元）	折扣额（万元）	放弃折扣的信用成本率（%）	银行借款利息（万元）	享受折扣的净收益（万元）
第 10 天						
第 30 天						
第 60 天						

②请作出选择，并说明理由。

（3）根据资料三，完成下列计算（盈亏平衡点的销售量按四舍五入保留整位数）：

①按加权平均法进行多种产品的盈亏平衡分析，计算各产品的盈亏平衡点的销售量及盈亏平衡点的销售额。

②按联合单位法计算各产品的盈亏平衡点的销售量及盈亏平衡点的销售额。

③按分算法进行多种产品的盈亏平衡分析，假设固定成本按边际贡献的比重分配，计算各产品的盈亏平衡点的销售量及盈亏平衡点的销售额。

2025 年度中级会计资格
《财务管理》全真模拟试题（五）

一、单项选择题（本类题共 20 小题，每小题 1.5 分，共 30 分。每小题备选答案中，只有一个符合题意的正确答案。错选、不选均不得分）

1. 与个人独资企业相比，下列各项中属于公司制企业特点的是（　　）。
   A. 企业股东承担无限债务责任
   B. 企业可以无限存续
   C. 企业融资渠道较少
   D. 企业所有权转移困难

2. 某人目前有资金 100 万元，打算经过 8 年让资金翻倍，也就是增值为 200 万元，那么他需要将资金存在利率为（　　）的金融品种上。已知：$(F/P, 10\%, 8) = 2.1436$，$(F/P, 9\%, 8) = 1.9926$，$(F/P, 8\%, 8) = 1.8509$。
   A. 9.05%　　　　　B. 9.12%　　　　　C. 9.26%　　　　　D. 9.87%

3. 下列各种风险应对措施中，属于风险补偿对策的是（　　）。
   A. 业务外包　　　　　　　　　B. 多元化投资
   C. 放弃亏损项目　　　　　　　D. 计提资产减值准备

4. 根据成本性态，下列固定成本中，一般属于约束性固定成本的是（　　）。
   A. 职工培训费　　　B. 厂房租金　　　C. 专家咨询费　　　D. 广告费

5. 丙公司预计某年各季度的销售量分别为 100 件、120 件、180 件、200 件，预计每季度末产成品存货为下一季度销售量的 20%。丙公司第二季度预计生产量为（　　）件。
   A. 120　　　　　　B. 132　　　　　　C. 136　　　　　　D. 156

6. 某企业正编制 8 月的"资金预算"。预计 8 月初短期借款为 100 万元，月利率为 1%，该企业不存在长期负债，预计 8 月现金余缺为 -50 万元。现金不足时，通过银行借款解决，借款额为 1 万元的整数倍，8 月末现金余额要求不低于 10 万元。假设企业每月支付一次利息，借款在期初，还款在期末，则应向银行借款的最低金额为（　　）万元。
   A. 60　　　　　　B. 61　　　　　　C. 62　　　　　　D. 63

7. 长期借款特殊性保护条款是针对某些特殊情况而出现在部分借款合同中的条款，主要是（　　）。

    A. 保持存货储备量

    B. 及时清偿债务

    C. 不准贴现应收票据

    D. 要求公司主要领导购买人身保护

8. 下列各项条款中，有利于保护可转换债券持有者利益的是（　　）。

    A. 免责条款　　　　　　　　　　B. 赎回条款

    C. 回售条款　　　　　　　　　　D. 强制性转换条款

9. 下列各项中，影响财务杠杆系数而不影响经营杠杆系数的是（　　）。

    A. 产销量　　　　　　　　　　　B. 固定利息费用

    C. 销售单价　　　　　　　　　　D. 固定经营成本

10. 某公司当前股票市价30元，筹资费用率3%，每年股利增长率均为5%，预计下一年股利6元/股，则该股票的资本成本率是（　　）。

    A. 25%　　　　B. 20.62%　　　　C. 26.65%　　　　D. 25.62%

11. 某投资项目各年的预计净现金流量分别为：$NCF_0 = -200$ 万元，$NCF_1 = -50$ 万元，$NCF_{2\sim3} = 100$ 万元，$NCF_{4\sim11} = 250$ 万元，$NCF_{12} = 150$ 万元，则该项目包括建设期的静态投资回收期为（　　）年。

    A. 2.0　　　　B. 2.5　　　　C. 3.2　　　　D. 4.0

12. 到期风险附加率是投资者承担（　　）的一种补偿。

    A. 变现风险　　　　　　　　　　B. 资产风险

    C. 购买力风险　　　　　　　　　D. 价格风险

13. 某公司预期未来市场利率上升而将闲置资金全部用于短期证券投资，而到期时市场利率却大幅度下降，这意味着公司的证券投资出现（　　）。

    A. 再投资风险　　　　　　　　　B. 购买力风险

    C. 汇率风险　　　　　　　　　　D. 变现风险

14. 相对于公募证券投资基金，关于私募证券投资基金的表述中，错误的是（　　）。

    A. 面向特定投资者出售　　　　　B. 采用非公开形式发售

    C. 涉及投资者数量相对较小　　　D. 受到监管更严格

15. 在边际贡献大于固定成本的情况下，下列措施中，不利于降低企业总风险的是（　　）。

    A. 增加产品销量　　　　　　　　B. 提高产品单价

    C. 提高资产负债率　　　　　　　D. 节约固定成本支出

16. 公司采用协商价格作为内部转移价格时，协商价格的下限一般为（　　）。

    A. 完全成本加成　　　　　　　　B. 市场价格

    C. 单位完全成本　　　　　　　　D. 单位变动成本

17. 假设某企业只生产销售一种产品，单价为50元，边际贡献率为40%，每年固定成本为 300 万元，预计来年产销量为 20 万件，则价格对利润影响的敏感系数为（　　）。

  A. 10   B. 8   C. 4   D. 40

18. 下列关于投资中心业绩评价指标的说法中，错误的是（　　）。

  A. 使用投资收益率和剩余收益指标分别进行决策可能导致结果冲突

  B. 计算剩余收益指标所使用的最低投资收益率一般小于资本成本

  C. 在不同规模的投资中心之间进行比较时不适合采用剩余收益指标

  D. 采用投资收益率指标可能因追求局部利益最大化而损害整体利益

19. 某企业在选择股利政策时，以代理成本和外部融资成本之和最小化为标准。该企业所依据的股利理论是（　　）。

  A. "手中鸟"理论   B. 信号传递理论

  C. MM 理论   D. 代理理论

20. 某公司目前持有普通股 100 万股（每股面值 1 元，市价 25 元），资本公积 400 万元，未分配利润 500 万元。如果公司发放 10% 的股票股利，并且以市价计算股票股利价格，则下列说法中不正确的是（　　）。

  A. 未分配利润减少 250 万元 B. 股本增加 250 万元

  C. 股本增加 10 万元   D. 资本公积增加 240 万元

二、多项选择题（本类题共 10 小题，每小题 2 分，共 20 分。每小题备选答案中，有两个或两个以上符合题意的正确答案。请至少选择两个答案。全部选对得满分，少选得相应分值，多选、错选、不选均不得分）

1. 下列各项中，将导致系统性风险的有（　　）。

  A. 发生通货膨胀   B. 市场利率上升

  C. 国民经济衰退   D. 企业新产品研发失败

2. 下列关于资本资产定价模型的表述中，正确的有（　　）。

  A. 市场风险溢价提高，则所有资产的必要收益率都将提高

  B. 如果某项资产的 β 系数为 1，则该资产的必要收益率等于市场平均收益率

  C. 市场上所有资产的 β 系数不可能为负数

  D. 市场对风险的平均容忍程度越高，市场风险溢酬越小

3. 某企业本月支付当月货款的 60%，支付上月货款的 30%，支付上上月货款的 10%，未支付的货款通过"应付账款"核算。已知 7 月货款为 20 万元，8 月货款为 25 万元，9 月货款为 30 万元，10 月货款为 50 万元，则下列说法中，正确的有（　　）。

  A. 9 月支付 27.5 万元

  B. 10 月初的应付账款为 14.5 万元

  C. 10 月末的应付账款为 23 万元

  D. 10 月初的应付账款为 11.5 万元

4. 与债务筹资相比，股权筹资的优点有（　　）。

  A. 股权筹资是企业稳定的资本基础

  B. 股权筹资的财务风险比较小

  C. 股权筹资构成企业的信誉基础

  D. 股权筹资的资本成本比较低

5. 关于企业经营杠杆系数，下列表述中正确的有（ ）。

  A. 只要企业存在固定性经营成本，经营杠杆系数总是大于 1

  B. 若经营杠杆系数为 1，则企业不存在经营风险

  C. 经营杠杆系数就是息税前利润对销售量的敏感系数

  D. 经营杠杆系数等于息税前利润除以边际贡献

6. 不考虑其他因素，企业采用宽松的流动资产投资策略将导致（ ）。

  A. 较低的流动资产   B. 较低的偿债能力

  C. 较低的流动资产短缺成本   D. 较低的收益水平

7. 关于证券投资基金的特点，下列说法中正确的有（ ）。

  A. 通过集合理财实现专业化管理

  B. 投资者利益共享且风险共担

  C. 通过组合投资实现分散风险的目的

  D. 基金操作权力与资金管理权力相互隔离

8. 关于企业应收账款保理，下列表述中正确的有（ ）。

  A. 减轻企业应收账款的管理负担   B. 减少坏账损失、降低经营风险

  C. 具有融资功能   D. 是资产证券化的一种形式

9. 原材料质量低劣，会造成（ ）向不利方面扩大。

  A. 直接材料成本的用量差异   B. 直接人工成本的效率差异

  C. 变动制造费用的效率差异   D. 固定制造费用的能量差异

10. 价格运用策略中，使用产品寿命周期定价策略，应采用低价策略的有（ ）。

  A. 推广期   B. 成长期   C. 成熟期   D. 衰退期

三、判断题（本类题共 10 小题，每小题 1 分，共 10 分。请判断每小题的表述是否正确。每小题答题正确的得 1 分，错答、不答均不得分，也不扣分）

  1. 财务预算是从价值方面总括地反映企业经营预算和专门决策预算的结果，所以也将其称为总预算。   （ ）

  2. 总资产周转率可用于衡量企业全部资产赚取收入的能力，故根据该指标可以全面评价企业的盈利能力。   （ ）

  3. 如果银行在借款合同中规定了企业"不准贴现应收票据或出售应收账款"，这就属于一般性保护条款。   （ ）

  4. 相对于股权资本，债务资本通常具有较高财务风险和较低资本成本。 （ ）

  5. 某企业资产总额 50 万元，负债的年平均利率为 8%，权益乘数为 2，全年固定成本为 8 万元，年税后净利润为 7.5 万元，所得税税率为 25%，则该企业的总杠杆系

数为 2。　　　　　　　　　　　　　　　　　　　　　　　　　（　　）

6. 考虑所得税影响时，投资项目采用加速折旧法计提折旧，计算出来的方案净现值比采用直线折旧法大。　　　　　　　　　　　　　　　　　　（　　）

7. 企业持有产成品存货主要是为了防止意外事件的发生。　　（　　）

8. 企业实行"收支两条线"管理模式的目的之一在于对企业范围内的现金进行集中管理，减少现金持有成本，加速资金周转，提高资金使用效率。　（　　）

9. 由于信息不对称和预期差异，投资者会把股票回购当作公司认为其股票价格被高估的信号。　　　　　　　　　　　　　　　　　　　　　　（　　）

10. 营业现金比率是指企业货币资金和交易性金融资产之和与企业销售额的比值。其计算公式为：营业现金比率＝(货币资金＋交易性金融资产)/销售收入。　（　　）

四、计算分析题（本类题共 3 小题，共 15 分。凡要求计算的，可不列出计算过程；计算结果出现两位以上小数的，均四舍五入保留小数点后两位小数，百分比指标保留百分号前两位小数。凡要求解释、分析、说明理由的，必须有相应的文字阐述）

1. 丁公司采用逐季滚动预算和零基预算法相结合的方法编制制造费用预算，有关资料如下。

资料一：2×24 年分季度的制造费用预算如下表所示。

2×24 年制造费用预算

项目	第一季度	第二季度	第三季度	第四季度	合计
直接人工预算总工时（小时）	11 400	12 060	12 360	12 600	48 420
变动制造费用（元）	91 200	×	×	×	387 360
其中：间接人工费用（元）	50 160	53 064	54 384	55 440	213 048
固定制造费用（元）	56 000	56 000	56 000	56 000	224 000
其中：设备租金（元）	48 500	48 500	48 500	48 500	194 000
生产准备费与车间管理费（元）	×	×	×	×	×

注：×表示省略的数据。

资料二：2×24 年第二季度至 2×25 年第一季度滚动预算期间，将发生如下变动：

（1）直接人工预算总工时为 50 000 小时；

（2）间接人工费用预算工时分配率将提高 10%；

（3）2×24 年第一季度末重新签订设备租赁合同，新租赁合同中设备年租金将降低 20%。

资料三：2×24 年第二季度至 2×25 年第一季度，公司管理层决定将固定制造费用总额控制在 185 200 元以内，固定制造费用由设备租金、生产准备费与车间管理费组成，其中设备租金属于约束性固定成本，生产准备费与车间管理费属于酌量性固定成本，根据历史资料分析，生产准备费的成本效益远高于车间管理费。为满足生产经营需要，车间管理费总预算额的控制区间为 12 000 ~ 15 000 元。

要求：根据以上资料，回答如下问题。

（1）根据资料一和资料二，计算 2×24 年第二季度至 2×25 年第一季度滚动期间的下列指标：

①间接人工费用预算工时分配率；

②间接人工费用总预算额；

③设备租金总预算额。

（2）根据资料二和资料三，在综合平衡基础上根据成本效益分析原则，完成 2×24 年第二季度至 2×25 年第一季度滚动期间的下列事项：

①确定车间管理费总预算额；

②计算生产准备费总预算额。

2. 某公司全部产品适用的消费税率为 5%，该公司下设三个利润中心，目前各利润中心都在作下一年度的定价决策，有关资料如下：

资料一：A 利润中心只生产并销售甲产品，预计甲产品的单位变动成本为 100 元，计划销售 10 000 件，计划期该中心负责人可控的固定成本为 50 000 元，该中心负责人不可控的固定成本为 40 000 元；该利润中心期望达到的成本利润率为 20%。

资料二：B 利润中心从事乙零件的采购和销售，预计乙零件的采购价为 80 元，预计销售量 12 000 件，计划期的期间费用总额为 96 000 元；该中心期望达到的销售利润率为 20%。

资料三：C 利润中心只生产并销售丙产品，年设计生产能力 10 000 件，下年计划销售量为 8 000 件，应负担的固定成本总额为 160 000 元，单位产品变动成本为 70 元；目标利润总额为 240 000 元。

要求：

（1）运用全部成本费用加成定价法计算单位甲产品的价格。

（2）运用全部成本费用加成定价法计算单位乙产品的价格。

（3）运用保本点定价法计算单位丙产品的价格。

（4）运用目标利润法计算单位丙产品的价格。

（5）假定 C 利润中心接到一个额外订单，订购 2 000 件丙产品，报价 95 元。该利润中心最低成本利润率为 20%，运用变动成本定价法确定丙产品的价格，并作出是否接受额外订单的决策，并说明理由？

（6）假设甲产品能按要求（1）的价格销售，并达到预计销售量，请计算 A 利润中心的边际贡献、可控边际贡献、部门边际贡献，并指出考核 A 利润中心业绩的最佳指标。

3. 甲公司为控制杠杆水平，降低财务风险，争取在 2025 年末将资产负债率控制在 65% 以内。公司 2025 年末的资产总额为 4 000 万元，其中流动资产为 1 800 万元；公司 2025 年末的负债总额为 3 000 万元，其中流动负债为 1 200 万元。

要求：

（1）计算 2025 年末的流动比率和营运资金。

（2）计算 2025 年末的产权比率和权益乘数。

（3）计算 2025 年末的资产负债率，并据此判断公司是否实现了控制杠杆水平的目标。

五、综合题（本类题共 2 小题，共 25 分。凡要求计算的，可不列出计算过程；计算结果出现两位以上小数的，均四舍五入保留小数点后两位小数，百分比指标保留百分号前两位小数。凡要求解释、分析、说明理由的，必须有相应的文字阐述）

1. 甲公司是一家上市公司，正在考虑改变它的资本结构。相关资料如下：

（1）公司目前债务的账面价值为 6 000 万元，利息率为 5%，普通股为 5 000 万股，每股价格 12 元，所有者权益账面金额 60 000 万元（与市价相同）；每年的息税前利润为 8 000 万元。该公司适用的所得税税率为 25%。

（2）公司将保持现有的资产规模和资产息税前利润率，每年将全部税后净利润分派给股东，因此预计未来增长率为 0。

（3）为了提高企业价值，该公司拟改变资本结构，借入新的债务并回购部分普通股。可供选择的资本结构调整方案有两个：

①借入新债务 6 000 万元，从而使债务总额达到 12 000 万元。预计总的债务利息率为 5.2%，由于债务比重提高，股票的 β 系数将在目前基础上提高 3%；

②借入新债务 12 000 万元，从而使债务总额达到 18 000 万元。预计总的债务利息率为 5.5%，由于债务比重提高，股票的 β 系数将在目前基础上提高 5%。

（4）当前资本市场上无风险利率为 3%，证券市场平均收益率为 8%。

（5）假设资本市场有效，债务的市场价值与账面价值相同，确定债务资本成本时不考虑筹资费用和货币时间价值。

要求：

（1）计算该公司目前的企业价值、普通股资本成本、股票的 β 系数、债务的税后资本成本和按市场价值权重计算的加权平均资本成本。

（2）计算采用第①种资本结构调整方案下该公司的普通股资本成本、债务的税后资本成本、权益资本价值、企业价值和按市场价值权重计算的加权平均资本成本。

（3）计算采用第②种资本结构调整方案下该公司的普通股资本成本、债务的税后资本成本、权益资本价值、企业价值和按市场价值权重计算的加权平均资本成本。

（4）判断企业是否应调整资本结构并说明依据，如果需要调整应选择哪一个方案？

2. 甲公司是一家上市公司，企业所得税税率为 25%，相关资料如下：

资料一：公司为扩大生产经营而准备购置一条新生产线，计划于 2024 年初一次性投入资金 6 000 万元，全部形成固定资产并立即投入使用，建设期为 0，使用年限为 6 年。

新生产线每年增加营业收入 3 000 万元，增加付现成本 1 000 万元。

新生产线开始投产时需垫支营运资金 700 万元，在项目终结时一次性收回。

固定资产采用直线法计提折旧，预计净残值为 1 200 万元。

公司所要求的最低投资收益率为 8%，相关资金时间价值系数 = (P/A，8%，5) = 3.9927，(P/F，8%，6) = 0.6302。

资料二：为满足购置生产线的资金需求，公司设计了两个筹资方案。

方案一为向银行借款 6 000 万元，期限为 6 年，年利率为 6%，每年年末付息一次，到期还本。

方案二为发行普通股 1 000 万股，每股发行价为 6 元。公司将持续执行稳定增长的股利政策，每年股利增长率为 3%，预计公司 2024 年每股股利（D1）为 0.48 元。

资料三：已知筹资方案实施前，公司发行在外的普通股股数为 3 000 万股，年利息费用为 500 万元。经测算，追加筹资后预计年息税前利润可达到 2 200 万元。

要求：

（1）根据资料一，计算新生产线项目下列指标：

①第 0 年现金净流量；②第 1 ~ 5 年每年的现金净流量；③第 6 年的现金净流量；④现值指数。

（2）根据现值指数指标，判断公司是否应该进行新生产线投资，并说明理由。

（3）根据资料二，计算①银行借款的资本成本率；②发行股票资本成本率。

（4）根据资料二、资料三，计算两个筹资方案的每股收益无差别点，判断公司应该选择哪个筹资方案，并说明理由。

2025 年度中级会计资格
《财务管理》全真模拟试题（六）

一、单项选择题（本类题共 20 小题，每小题 1.5 分，共 30 分。每小题备选答案中，只有一个符合题意的正确答案。错选、不选均不得分）

1. 与企业价值最大化财务管理目标相比，股东财富最大化目标的局限性是（　　）。

   A. 对债权人的利益重视不够

   B. 容易导致企业的短期行为

   C. 没有考虑风险因素

   D. 没有考虑货币时间价值

2. 关于风险管理对策中的风险承担对策，下列表述不正确的是（　　）。

   A. 风险承担是指企业对所面临的风险采取接受的态度

   B. 对未能辨识出的风险，企业只能采用风险承担

   C. 对于辨识出的风险，企业可能由于缺乏能力进行主动管理、没有其他备选方案等因素而选择风险承担

   D. 对于企业的重大风险，企业可以采用风险承担对策

3. 甲公司购置一台设备，与供应商商定延迟一年付款，从第二年开始，每季度初支付 100 万元，共支付 4 次。假设年利率为 6%，按季度复利计算，下列对其现值的计算公式错误的是（　　）。

   A. $100 \times (P/A, 1.5\%, 4) \times (P/F, 1.5\%, 4)$

   B. $100 \times (P/A, 1.5\%, 4) \times (P/F, 1.5\%, 3)$

   C. $100 \times (P/A, 1.5\%, 4) \times (1 + 1.5\%) \times (P/F, 1.5\%, 4)$

   D. $100 \times [(P/A, 1.5\%, 7) - (P/A, 1.5\%, 3)]$

4. 与增量预算法相比，关于零基预算法，下列表述错误的是（　　）。

   A. 以企业现有各项业务的开支水平为基础进行编制

   B. 适用于预算编制基础变化较大的预算项目

   C. 有助于增加预算编制透明度，有利于进行预算控制

   D. 预算编制工作量较大

5. 某企业 2025 年第一季度产品生产量预计为 1 500 件，单位产品材料用量 5 千克/件，年初材料库存量 1 000 千克，第一季度根据第二季度生产耗用材料的 10% 安排季末存量，预计第二季度生产耗用 7 800 千克材料。材料采购价格预计为 12 元/千克，年初应付账款为 20 000 元，企业各季度采购金额中 60% 当季度付现，40% 下季度付现，则该企业第一季度材料现金支出金额为（　　）元。

    A. 72 416　　　　　　　　　　B. 87 360

    C. 92 640　　　　　　　　　　D. 99 360

6. 企业可以将某些资产作为质押品向商业银行申请质押贷款，下列各项中，不可以作为质押品的是（　　）。

    A. 依法可以转让的股票

    B. 依法可以转让的商标专用权

    C. 依法可以转让的厂房

    D. 依法可以转让的债券

7. 下列关于可转换债券的表述正确的是（　　）。

    A. 可转换债券的转换权是授予持有者一种买入期权

    B. 可转换债券的回售条款有助于可转换债券顺利转换股票

    C. 可转换债券的赎回条款有利于降低投资者的持券风险

    D. 可转换债券的转换比率为标的股票市值与转换价格之比

8. 某房地产公司计划投资一个保健品项目 A，预计该项目债务资金占 30%，债务资金年利率为 6%。保健品上市公司代表企业 B 公司 $\beta_{权益}$ 为 0.9，债务/权益为 1/1，企业所得税税率为 25%。假设无风险报酬率为 6%，市场组合的平均报酬率为 11%，则投资项目 A 的资本成本为（　　）。

    A. 6%　　　　　B. 7.65%　　　　　C. 7.9%　　　　　D. 11%

9. 如果甲企业经营杠杆系数为 1.5，总杠杆系数为 3，则下列说法不正确的是（　　）。

    A. 如果销售量增加 12%，息税前利润将增加 18%

    B. 如果息税前利润增加 20%，每股收益将增加 40%

    C. 如果销售量增加 10%，每股收益将增加 30%

    D. 如果每股收益增加 30%，销售量需要增加 5%

10. 资本成本包括筹资费用和用资费用两个部分，下列各项中属于用资费用的是（　　）。

    A. 借款手续费　　　　　　　　B. 借款利息费

    C. 信贷公证费　　　　　　　　D. 股票发行费

11. 下列关于资本结构优化的表述中，错误的是（　　）。

    A. 资本结构优化的目标，是降低平均资本成本率或提高企业价值

    B. 当预期息税前利润或业务量水平大于每股收益无差别点时，应当选择债务筹资方案

C. 每股收益分析法、平均资本成本比较法和公司价值分析法均考虑了风险因素

D. 公司价值分析法适用于资本规模较大的上市公司资本结构优化分析

12. 某公司按照"2/20，N/60"的付款条件从另一公司购入价值 1 000 万元的货物，由于资金调度的限制，该公司放弃了获取 2% 现金折扣的机会，并申请展期，到第 70 天才付款，一年按 360 天计算，公司为此承担的信用成本率是（　　）。

A. 14.69%　　　B. 2%　　　C. 10.29%　　　D. 18.37%

13. 某企业营业收入为 1 000 万元，付现成本为 600 万元，非付现成本为 100 万元，企业所得税税率为 25%，则营业现金净流量为（　　）万元。

A. 325　　　B. 300　　　C. 1 225　　　D. 1 175

14. 某债券面值 1 000 元，票面利率为 10%，每年付息一次，到期归还本金，该债券 5 年后到期，目前该债券市价为 1 050 元，甲投资者将该债券持有至到期日，则该债券的内部收益率为（　　）。[(P/A，8%，5) = 3.9927；(P/A，9%，5) = 3.8897；(P/F，9%，5) = 0.6499；(P/F，8%，5) = 0.6806]

A. 6.77%　　　B. 7.77%　　　C. 8.73%　　　D. 9.23%

15. 甲、乙公司已进入稳定增长状态，股票信息如下表所示。

项目	甲	乙
最近一期支付的每股股利（元）	0.75	0.55
股利稳定增长率（%）	6	8
股票价格（元）	15	18

下列关于甲、乙股票投资的说法中，正确的是（　　）。

A. 甲、乙股票预期股利收益率相同

B. 甲、乙股票内部收益率相同

C. 甲股票资本利得收益率高

D. 乙股票内部收益率高

16. 某公司生产并销售单一产品，适用的消费税税率为 5%，本期计划销售量为 80 000 件，公司产销平衡，完全成本总额为 360 000 元，公司将目标利润定位在 400 000 元，则单位产品价格应为（　　）元。

A. 10　　　B. 5　　　C. 9.5　　　D. 4.5

17. 下列各项中，不会导致企业减少股利发放的是（　　）。

A. 避税

B. 盈余波动较大

C. 现金流量充足且稳定

D. 固定资产在全部资产中所占比重较大

18. 影响速动比率可信性最主要的因素是（　　）。

　　A. 存货的变现能力　　　　　　　　B. 短期证券的变现能力

　　C. 产品的变现能力　　　　　　　　D. 应收账款的变现能力

19. 某公司上期营业收入为 1 000 万元，本期期初应收账款为 120 万元，本期期末应收账款为 180 万元，本期应收账款周转率为 8 次，则本期的营业收入增长率为（　　　）。

　　A. 20%　　　　　　B. 12%　　　　　　C. 18%　　　　　　D. 50%

20. 权益乘数越高，通常反映的信息是（　　　）。

　　A. 财务结构越稳健　　　　　　　　B. 长期偿债能力越强

　　C. 财务杠杆效应越强　　　　　　　D. 债权人权益的保障程度越高

二、多项选择题（本类题共 10 小题，每小题 2 分，共 20 分。每小题备选答案中，有两个或两个以上符合题意的正确答案。请至少选择两个答案。全部选对得满分，少选得相应分值，多选、错选、不选均不得分）

1. 如果资本市场是完全有效的，下列表述中正确的有（　　　）。

　　A. 股价可以综合反映公司的业绩

　　B. 运用会计方法改善公司业绩可以提高股价

　　C. 公司的财务决策会影响股价的波动

　　D. 投资者只能获得与投资风险相称的报酬

2. 与债务筹资相比，股权筹资的特点有（　　　）。

　　A. 信息披露成本高

　　B. 资本成本大

　　C. 财务风险较小

　　D. 控制权变更可能影响企业长期稳定发展

3. 下列关于资本结构优化方法的说法中，正确的有（　　　）。

　　A. 平均资本成本比较法侧重于从资本支出的角度对筹资方案和资本结构进行优化分析

　　B. 公司价值分析法适用于资本规模较大的上市公司资本结构优化分析

　　C. 公司价值分析法考虑了市场风险

　　D. 根据每股收益无差别点，可以分析判断在什么样的净利润水平下适于采用何种资本结构

4. 项目投资管理的特点包括（　　　）。

　　A. 属于企业的非程序化管理　　　　B. 属于企业的程序化管理

　　C. 投资价值的波动性大　　　　　　D. 属于企业的战略决策

5. 关于股票股利和股票分割，下列表述正确的有（　　　）。

　　A. 均会引起股票股数增加　　　　　B. 均会引起股本增加

　　C. 均引起所有者权益总额增加　　　D. 均不会引起资本结构变化

6. 下列属于直接投资的有（　　　）。

  A. 基金投资   B. 债券投资

  C. 无形资产投资   D. 垫支营运资金

 7. 根据本量利分析原理，下列各项中，将导致盈亏平衡点的销售额减少的有（ ）。

  A. 降低单位变动成本   B. 降低变动成本率

  C. 降低边际贡献率   D. 降低固定成本总额

 8. 下列关于股利政策的说法中，符合代理理论观点的有（ ）。

  A. 股利政策应当向市场传递有关公司未来获利能力的信息

  B. 股利政策是协调股东与管理者之间代理关系的约束机制

  C. 高股利政策有利于降低公司的代理成本

  D. 理想的股利政策应当是发放尽可能高的现金股利

 9. 下列指标中，能够反映获取现金能力的指标有（ ）。

  A. 全部资产现金回收率   B. 营业现金比率

  C. 现金比率   D. 每股营业现金净流量

 10. 计算稀释每股收益时，需考虑潜在普通股的影响，下列各项中，属于潜在普通股的有（ ）。

  A. 认股权证   B. 股份期权

  C. 库存股   D. 可转换公司债券

三、判断题（本类题共 10 小题，每小题 1 分，共 10 分。请判断每小题的表述是否正确。每小题答题正确的得 1 分，错答、不答均不得分，也不扣分）

 1. 个人独资企业由一个自然人投资，全部资产为个人所有，具有法人资格。（ ）

 2. 工业工程法通常适用于历史成本数据充足，投入成本与产出数量之间有规律性联系的成本分解。   （ ）

 3. 制造业企业在编制利润表预算时，"销售成本"项目数据的来源是销售预算。

                    （ ）

 4. 在企业承担总风险能力一定且利率相同的情况下，对于经营杠杆水平较高的企业，应当保持较低的负债水平，而对于经营杠杆水平较低的企业，则可以保持较高的负债水平。   （ ）

 5. 某公司甲项目寿命 5 年，净现值为 200 万元，乙项目寿命为 7 年，净现值为 253 万元，如果甲、乙项目之间是互斥关系，折现率为 10%，该公司应选择甲项目。

                    （ ）

 6. 两项资产之间的正相关程度越低，其投资组合可分散投资风险的效果就越小；两项资产之间的负相关程度越高，其投资组合可分散投资风险的效果就越大。（ ）

 7. 在标准成本法下，变动制造费用成本差异指的是实际变动制造费用与预算产量下标准变动制造费用之间的差额。   （ ）

 8. 股利无关理论认为，公司市场价值的高低，是由公司所选择的投资决策的获利能力和风险组合所决定，而与公司的利润分配政策无关。   （ ）

9. 成本的可控与不可控与该责任中心所处管理层次的高低、管理权限及控制范围的大小没有直接联系。 （　　）

10. 总资产增长率是企业本年资产增长额与年初资产总额的比率，反映企业本期资产规模的增长情况。 （　　）

四、计算分析题 （本类题共 3 小题，共 15 分。凡要求计算的，可不列出计算过程；计算结果出现两位以上小数的，均四舍五入保留小数点后两位小数，百分比指标保留百分号前两位小数。凡要求解释、分析、说明理由的，必须有相应的文字阐述）

1. 某投资者准备购买甲公司的股票，并打算长期持有。甲公司股票当前的市场价格为 32 元/股，预计未来 3 年每年股利均为 2 元/股，随后股利年增长率为 10%。甲公司股票的 β 系数为 2，当前无风险收益率为 5%，市场平均收益率为 10%。

有关货币时间价值系数如下：

$(P/F，10\%，3) = 0.7513$，$(P/A，10\%，3) = 2.4869$；$(P/F，15\%，3) = 0.6575$，$(P/A，15\%，3) = 2.2832$。

要求：

（1）采用资本资产定价模型计算甲公司股票的必要收益率。

（2）以要求（1）的计算结果作为投资者要求的收益率，采用股票估价模型计算甲公司股票的价值。

（3）根据要求（2）的计算结果，判断甲公司股票是否值得购买，并说明理由。

2. 甲公司生产销售 A 产品，产销平衡，目前单价为 60 元/件，单位变动成本为 24 元/件，固定成本总额为 72 000 元，目前销售量水平为 10 000 件，计划期决定降价 10%，预计产品销售量将提高 20%，计划期单位变动成本和固定成本总额不变。

要求：

（1）计算当前 A 产品的单位边际贡献、边际贡献率和安全边际率。

（2）计算计划期 A 产品的盈亏平衡点的销售量和盈亏平衡作业率。

3. 某公司成立于 2022 年 1 月 1 日，2022 年度实现的净利润为 1 000 万元，分配现金股利 550 万元，提取盈余公积 450 万元（所提盈余公积均已指定用途）。2023 年实现的净利润为 900 万元（不考虑计提法定盈余公积的因素）。2024 年计划增加投资，所需资金为 700 万元。假定公司目标资本结构为权益资金占 60%，借入资金占 40%。

要求：

（1）在保持目标资本结构的前提下，计算 2024 年投资方案所需的权益资金额和需要从外部借入的资金额。

（2）在保持目标资本结构的前提下，计算公司执行剩余股利政策时 2023 年度应分配的现金股利。

（3）在不考虑目标资本结构的前提下，如果公司执行固定股利政策，计算 2023 年度应分配的现金股利、可用于 2024 年投资的留存收益和需要额外筹集的资金额。

（4）不考虑目标资本结构的前提下，如果公司执行固定股利支付率政策，计算该公司的股利支付率和 2023 年度应分配的现金股利。

（5）假定公司 2024 年面临着从外部筹资的困难，只能从内部筹资，不考虑目标资本结构，计算在此情况下 2023 年度应分配的现金股利。

五、综合题（本类题共 2 小题，共 25 分。凡要求计算的，可不列出计算过程；计算结果出现两位以上小数的，均四舍五入保留小数点后两位小数，百分比指标保留百分号前两位小数。凡要求解释、分析、说明理由的，必须有相应的文字阐述）

1. A 公司是一家零售商，正在编制 12 月的预算，有关资料如下：

（1）预计 2025 年 11 月 30 日资产负债表如下表所示。

预计资产负债表（简表）

2025 年 11 月 30 日

单位：万元

资产	金额	负债及所有者权益	金额
现金	22	应付账款	162
应收账款	76	应付利息	11
存货	132	银行借款	120
固定资产	770	实收资本	700
		未分配利润	7
资产总计	1 000	负债及所有者权益总计	1 000

（2）销售收入预计：2025 年 11 月 200 万元，12 月 220 万元；2026 年 1 月 230 万元。

（3）销售收现预计：销售当月收回 60%，次月收回 38%，其余 2% 无法收回（坏账）。

（4）采购付现预计：销售商品的 80% 在前一个月购入，销售商品的 20% 在当月购入；所购商品的进货款项，在购买的次月支付。

（5）预计 12 月购置固定资产需支付 60 万元；全年折旧费 216 万元；除折旧外的其他管理费用均须用现金支付，预计 12 月为 26.5 万元；12 月末归还一年前借入的到期借款 120 万元。

（6）预计营业成本率（营业成本/营业收入×100%）为 75%。

（7）预计银行借款年利率 10%，还款时支付利息。

（8）企业最低现金余额 5 万元；预计现金余额不足 5 万元时，在每月月初从银行借入，借款金额是 1 万元的整数倍。

（9）假设公司按月计提应计利息和坏账准备。

要求：计算 12 月下列各项的预算金额。

（1）销售收回的现金、进货支付的现金、本月新借入的银行借款。

（2）现金、应收账款、应付账款、存货的期末余额。

（3）税前利润。

2. 甲公司是一家上市公司，目前的长期资金来源包括：长期借款 7 500 万元，年利率 5%，每年付息一次，5 年后还本；优先股 30 万股，每股面值 100 元，票面股息率 8%，普通股 500 万股，每股面值 1 元。

为扩大生产规模，公司现需筹资 4 000 万元，有两种筹资方案可供选择：方案一是平价发行长期债券，债券面值 1 000 元，期限 10 年，票面利率 6%，每年付息一次；方案二是按当前每股市价 16 元增发普通股，假设不考虑发行费用。

目前公司年销售收入 1 亿元，变动成本率为 60%，除财务费用外的固定成本 2 000 万元，预计扩大规模后每年新增销售收入 3 000 万元，变动成本率不变，除财务费用外的固定成本新增 500 万元。公司的企业所得税税率 25%。

要求：

（1）计算追加筹资前的经营杠杆系数、财务杠杆系数、总杠杆系数。

（2）计算方案一和方案二的每股收益无差别点的销售收入，并据此对方案一和方案二作出选择。

（3）基于要求（2）的结果，计算追加筹资后的经营杠杆系数、财务杠杆系数、总杠杆系数。

2025 年度中级会计资格
《财务管理》全真模拟试题（七）

一、单项选择题（本类题共 20 小题，每小题 1.5 分，共 30 分。每小题备选答案中，只有一个符合题意的正确答案。错选、不选均不得分）

1. 按照财务战略目标的总体要求，利用专门方法对各种备选方案进行比较和分析，从中选出最佳方案的过程是（   ）。

    A. 财务决策　　　　B. 财务控制　　　　C. 财务分析　　　　D. 财务预算

2. 下列财务管理目标中，容易导致企业短期行为的是（   ）。

    A. 股东财富最大化　　　　　　　　B. 企业价值最大化

    C. 相关者利益最大化　　　　　　　D. 利润最大化

3. 甲投资组合由 A、B 两种股票构成，权重分别为 40%、60%，两种股票的期望收益率分别为 10%、15%，两种股票收益率的相关系数为 0.7，则该投资组合的期望收益率为（   ）

    A. 12.5%　　　　B. 9.1%　　　　C. 13%　　　　D. 17.5%

4. 某公司某项银行贷款本金为 100 万元，期限为 10 年，利率为 8%，每年年末等额偿还本息，则每年偿还额的计算式为（   ）。

    A. $100/(F/A,8\%,10)$

    B. $100\times(1+8\%)/(F/A,8\%,10)$

    C. $100\times(1+8\%)/(P/A,8\%,10)$

    D. $100/(P/A,8\%,10)$

5. 某企业预计 7 月、8 月材料需用量分别为 600 吨、700 吨，各月月末材料存量为下个月预计需用量的 15%，7 月预计材料采购量是（   ）吨。

    A. 600　　　　B. 705　　　　C. 615　　　　D. 500

6. 企业因发放现金股利的需要而进行筹资的动机属于（   ）。

    A. 扩张性筹资动机　　　　　　　　B. 支付性筹资动机

    C. 创立性筹资动机　　　　　　　　D. 调整性筹资动机

7. 与发行股票筹资相比，吸收直接投资的优点是（   ）。

    A. 易于进行产权交易   B. 资本成本较低

    C. 有利于提高公司声誉   D. 筹资费用较低

8. 在成熟资本市场上，根据优序融资理论，适当的筹资顺序是（   ）。

    A. 内部筹资、银行借款、发行债券、发行可转换债券、发行普通股

    B. 发行普通股、发行可转换债券、内部筹资、银行借款、发行债券

    C. 内部筹资、发行普通股、银行借款、发行债券、发行可转换债券

    D. 发行普通股、发行可转换债券、银行借款、内部筹资、发行债券

9. 甲公司基期息税前利润 1 000 万元，基期利息费用为 400 万元，假设与财务杠杆相关的其他因素保持不变，则甲公司计划期的财务杠杆系数为（   ）。

    A. 2.5   B. 1.67   C. 1.25   D. 1.88

10. 下列投资活动中，属于间接投资的是（   ）。

    A. 建设新的生产线   B. 开办新的子公司

    C. 吸收合并其他企业   D. 购买公司债券

11. 下列关于现金比率的说法中，不正确的是（   ）。

    A. 最能反映企业直接偿付债务的能力

    B. 现金比率过高会影响企业盈利能力

    C. 表明每 1 元流动负债有多少现金资产作为偿债保障

    D. 现金资产包括货币资金和交易性金融资产等

12. 关于证券投资基金的特点，下列说法错误的是（   ）。

    A. 通过集合理财实现专业化管理

    B. 基金投资风险主要由基金管理人和基金托管人承担

    C. 通过组合投资实现分散风险的目的

    D. 基金操作权力与资金管理权力相互隔离

13. 假定 A 公司只产销一种产品，本年度单位变动制造成本为 5 元，单位变动销售管理费用为 1 元，变动成本总额为 84 000 元，共取得税前营业利润为 18 000 元。若该公司下年度销售单价维持不变，变动成本率仍维持本年度的 40%，则该企业盈亏平衡点的销售量为（   ）件。

    A. 18 000   B. 14 000   C. 12 000   D. 10 000

14. 下列关于成本动因（又称成本驱动因素）的表述中，错误的是（   ）。

    A. 成本动因可作为作业成本法中成本分配的依据

    B. 成本动因是成本对象与其直接关联的作业和最终关联的资源之间的中介

    C. 成本动因可分为资源动因和生产动因

    D. 成本动因是诱导成本发生的原因

15. 在标准成本法下，下列各项中，不属于直接材料用量差异形成原因的是（   ）。

    A. 产品废品率的高低   B. 直接材料运输方式的不同

    C. 产品设计结构的变化   D. 工人的技术熟练程度

16. 销售预测的德尔菲法属于（   ）。

A. 营销员判断法　　　　　　　　B. 专家判断法

C. 产品寿命周期分析法　　　　　D. 销售预测定量分析方法

17. 能够薄利多销的企业适用于将（　　）作为企业的定价目标。

A. 实现利润最大化　　　　　　　B. 保持或提高市场占有率

C. 稳定价格　　　　　　　　　　D. 应付和避免竞争

18. 预算编制方法按其业务量基础的数量特征不同，可以分为（　　）。

A. 定期预算法与滚动预算法　　　B. 增量预算法与零基预算法

C. 固定预算法与弹性预算法　　　D. 增量预算法与定期预算法

19. 某企业目前的速动比率大于 1，若其他条件不变，下列措施中，能够提高该企业速动比率的是（　　）。

A. 以银行存款偿还长期借款　　　B. 以银行存款购买原材料

C. 收回应收账款　　　　　　　　D. 以银行存款偿还短期借款

20. 甲公司无优先股，去年每股收益为 4 元，每股发放股利 2 元，留存收益在过去一年中增加了 500 万元。年底每股净资产为 30 元，负债总额为 5 000 万元，则该公司的资产负债率为（　　）。

A. 30%　　　　B. 33%　　　　C. 40%　　　　D. 44%

二、多项选择题（本类题共 10 小题，每小题 2 分，共 20 分。每小题备选答案中，有两个或两个以上符合题意的正确答案。请至少选择两个答案。全部选对得满分，少选得相应分值，多选、错选、不选均不得分）

1. 关于企业价值最大化财务管理目标，下列说法正确的有（　　）。

A. 以股东财富最大化为基础

B. 有助于克服企业追求利润的短期行为

C. 考虑了收益的时间价值

D. 考虑了风险与收益的关系

2. 某投资组合由证券 A 和证券 B 构成，证券 A 占 40%，证券 B 占 60%。证券 A 的预期收益率 10%，标准差 12%，β 系数 1.2；证券 B 的预期收益率 8%，标准差 8%，β 系数 0.8。下列说法中，正确的有（　　）。

A. 投资组合的预期收益率等于 8.8%

B. 投资组合的 β 系数等于 0.96

C. 投资组合的标准差率等于 0.9

D. 投资组合的标准差等于 10%

3. 下列筹资方式中，属于债务筹资方式的有（　　）。

A. 发行债券　　　B. 留存收益　　　C. 商业信用　　　D. 银行借款

4. 股票上市对公司可能的不利影响有（　　）。

A. 商业机密容易泄露　　　　　　B. 公司价值不易确定

C. 控制权容易分散　　　　　　　D. 信息披露成本较高

5. 如果不考虑其他因素，固定成长股票的价值（　　　）。

    A. 与预期股利成正比

    B. 与投资的必要报酬率成反比

    C. 与预期股利增长率同方向变化

    D. 与预期股利增长率反方向变化

6. 下列投资项目财务评价指标中，考虑了项目寿命期内全部现金流量的有（　　　）。

    A. 现值指数　　　　　　　　　　B. 动态回收期

    C. 年金净流量　　　　　　　　　D. 内含收益率

7. 如果采用加权平均法计算综合盈亏平衡点，下列各项中，将会影响综合盈亏平衡点大小的有（　　　）。

    A. 固定成本总额　　　　　　　　B. 销售结构

    C. 单价　　　　　　　　　　　　D. 单位变动成本

8. 某产品单价 8 元，单位变动成本 5 元，固定成本 3 000 元，计划产销量 1 000 件，欲实现目标利润 1 000 元，应（　　　）。

    A. 提高单价 1 元

    B. 降低单位变动成本 1 元

    C. 减少固定成本 1 000 元

    D. 提高单价 0.5 元，同时提高产销量 100 件并减少固定成本 200 元

9. 对公司而言，发放股票股利的优点有（　　　）。

    A. 减轻公司现金支付压力

    B. 使股权更为集中

    C. 可以向市场传递公司未来发展前景良好的信息

    D. 有利于股票交易和流通

10. 企业采取的下列措施中，能够减少营运资本需求的有（　　　）。

    A. 加速应收账款周转　　　　　　B. 加速应付账款的偿还

    C. 加速固定资产周转　　　　　　D. 加速存货周转

三、判断题（本类题共 10 小题，每小题 1 分，共 10 分。请判断每小题的表述是否正确。每小题答题正确的得 1 分，错答、不答均不得分，也不扣分）

1. 资金的间接转移是需要资金的企业或其他资金不足者将股票或债券出售给资金剩余者。　　　　　　　　　　　　　　　　　　　　　　　　　　　　（　　　）

2. 滚动预算中的混合滚动是指在编制预算的第一个季度按季度滚动，后三个季度按月份滚动。　　　　　　　　　　　　　　　　　　　　　　　　　　　（　　　）

3. 因为公司债务必须付息，而普通股不一定支付股利，所以普通股资本成本小于债务资本成本。　　　　　　　　　　　　　　　　　　　　　　　　　　（　　　）

4. 企业发行股票、发行债券均属于直接筹资方式。　　　　　　　　　　（　　　）

5. 最佳资本结构是指在一定条件下使企业平均资本成本率最低的资本结构。（　　　）

6. 某企业在生产经营淡季将生产过程中游离出来的部分资金进行了短期债券投资，这样做符合分散资金投向，降低投资风险的目的。　　　　　　　　　（　　）

7. 成本中心应用范围最广，只要有成本发生的单位都可以成为成本中心。（　　）

8. 在标准成本法下，变动制造费用成本差异指的是实际变动制造费用与预算产量下的标准变动制造费用之间的差额。　　　　　　　　　　　　　　（　　）

9. 在股权登记日前，股利权从属于股票，从股权登记日开始，股利权与股票相分离。　　　　　　　　　　　　　　　　　　　　　　　　　　　　（　　）

10. 在计算稀释每股收益时，当企业发行的认股权证的行权价格低于当期普通股平均市场价格时，应当考虑稀释性。　　　　　　　　　　　　　　　　（　　）

四、计算分析题（本类题共 3 小题，共 15 分。凡要求计算的，可不列出计算过程；计算结果出现两位以上小数的，均四舍五入保留小数点后两位小数，百分比指标保留百分号前两位小数。凡要求解释、分析、说明理由的，必须有相应的文字阐述）

1. 某投资者准备购买甲公司的股票，并打算长期持有。甲公司股票当前的市场价格为 32 元/股，预计未来 3 年每年股利均为 2 元/股，随后股利年增长率为 10%。甲公司股票的 β 系数为 2，当前无风险收益率为 5%，市场平均收益率为 10%。

有关货币时间价值系数如下：

$(P/F，10\%，3) = 0.7513$，$(P/A，10\%，3) = 2.4869$；$(P/F，15\%，3) = 0.6575$，$(P/A，15\%，3) = 2.2832$。

要求：

（1）采用资本资产定价模型计算甲公司股票的必要收益率。

（2）以要求（1）的计算结果作为投资者要求的收益率，采用股票估价模型计算甲公司股票的价值。

（3）根据要求（2）的计算结果，判断甲公司股票是否值得购买，并说明理由。

2. 甲公司当年销售额为 3 000 万元（全部为赊销），变动成本率为 50%，固定成本总额为 100 万元，应收账款平均收现期为 30 天，坏账损失占销售额的 0.2%。公司为扩大市场份额，计划于次年放宽信用期限并开始提供现金折扣。经测算，采用新信用政策后销售额将增至 3 600 万元（全部为赊销），应收账款平均收现期延长到 36 天，客户享受到的现金折扣占销售额的 0.5%，坏账损失占销售额的 0.3%，变动成本率与固定成本总额保持不变。一年按 360 天计算，不考虑企业所得税等其他因素，并假设公司进行等风险投资的必要收益率为 10%。

要求：

（1）计算公司采用新信用政策而增加的应收账款机会成本。

（2）计算公司采用新信用政策而增加的坏账损失与现金折扣成本。

（3）计算公司采用新信用政策而增加的边际贡献。

（4）计算新信用政策增加的损益，并据此判断改变信用政策是否合理。

3. 某企业拟采购一批原材料，价值 10 000 元，供应商规定的付款条件如下：

（1）立即付款，价格 9 630 元。

（2）第 20 天付款，价格 9 750 元。

（3）第 40 天付款，价格 9 870 元。

（4）第 60 天付款，价格 10 000 元。

要求：假设银行短期贷款的利率为 23%，计算放弃现金折扣的成本（比率），并确定对该公司最有利的付款日期和付款价格（一年按 360 天计算）。

五、综合题（本类题共 2 小题，共 25 分。凡要求计算的，可不列出计算过程；计算结果出现两位以上小数的，均四舍五入保留小数点后两位小数，百分比指标保留百分号前两位小数。凡要求解释、分析、说明理由的，必须有相应的文字阐述）

1. E 公司是一家制造业生产企业，长期以来只生产丙产品。本年度有关资料如下：

资料一：10 月份丙产品月初存货量预计为 200 件，10 月份和 11 月份的预计销售量分别为 2 300 件和 2 600 件。丙产品预计月末存货量为下月销售量的 10%。

资料二：生产丙产品需要耗用 A、B、C 三种材料，其价格标准和用量标准如下表所示。

丙产品直接材料成本标准

项目	标准		
	A 材料	B 材料	C 材料
价格标准	6 元/千克	10 元/千克	5 元/千克
用量标准	5 千克/件	3 千克/件	8 千克/件

资料三：公司利用标准成本信息编制直接人工预算。生产丙产品的工时标准为 5 小时/件，标准工资率为 25 元/小时。10 月份丙产品的实际产量为 2 500 件，实际工时为 12 000 小时，实际发生直接人工成本 235 000 元。

资料四：公司利用标准成本信息，并采用弹性预算法编制制造费用预算，丙产品的单位变动制造费用标准成本为 30 元，每月的固定制造费用预算总额为 37 760 元。

资料五：丙产品的预计销售单价为 350 元/件，每月销售收入中，有 30% 在当月收取现金，另外的 70% 在下月收取现金。

资料六：11 月初现金余额预计为 80 600 元，本月预计现金支出为 900 000 元。公司理想的月末现金余额为 80 000 元而且不低于该水平，现金余额不足时向银行借款，多余时归还银行借款，借入和归还金额均要求为 1 000 元的整数倍。不考虑其他因素的影响。

要求：

（1）根据资料一，计算 10 月丙产品的预计生产量。

（2）根据资料二，计算丙产品的单位直接材料标准成本。

（3）根据要求（1）的计算结果和资料三，计算 10 月的直接人工预算金额。

（4）根据资料三，计算下列成本差异：①直接人工成本差异；②直接人工效率差异；③直接人工工资率差异。

（5）根据要求（1）的计算结果和资料四，计算 10 月制造费用预算总额。

（6）根据要求（1）、要求（2）的计算结果和资料三、资料四，计算丙产品的单位标准成本。

（7）根据资料一和资料五，计算公司 11 月的预计现金收入。

（8）根据要求（7）的计算结果和资料六，计算 11 月的预计现金余缺，并判断为保持所需现金余额，是否需要向银行借款，如果需要，指出应借入多少款项。

2. 甲公司是一家制造业公司，两年来经营状况稳定，并且产销平衡，相关资料如下：

资料一：公司 2025 年资产负债表和利润表，如下表所示（平均数用年末数代替）。

单位：万元

资产负债表项目				利润表项目	
资产	2025 年末余额	负债和股东权益	2025 年末余额	项目	2025 年发生额
货币资金	1 000	应付账款	2 100	营业收入	30 000
应收账款	5 000	短期借款	3 100	营业成本	18 000
存货	2 000	长期借款	4 800	期间费用	6 000
固定资产	12 000	股东权益	10 000	利润总额	6 000
资产合计	20 000	负债和股东权益合计	20 000	净利润	4 500

资料二：全年购货成本 9 450 万元，公司永久性流动资产为 2 500 万元，一年按 360 天计算。

资料三：公司收紧赊销政策导致收入减少 6 000 万元，变动成本率为 70%，机会成本减少 500 万元，收账费用减少 200 万元。

要求：

（1）根据资料一，计算 2025 年末营运资金数额。

（2）根据资料一，计算：①营业毛利率；②总资产周转率；③净资产收益率。

（3）根据资料一和资料二，计算：①存货周转天数；②应付账款周转天数；③应收账款周转天数；④现金周转天数。

（4）根据资料一和资料二，依据公司资产与资金来源期限结构的匹配情况，判断该公司流动资产融资策略属于哪种类型。

（5）根据资料三，计算收缩信用政策对税前利润的影响额（税前利润增加用正数，减少用负数），判断是否应收缩信用政策。

2025 年度中级会计资格
《财务管理》全真模拟试题（八）

一、单项选择题（本类题共 20 小题，每小题 1.5 分，共 30 分。每小题备选答案中，只有一个符合题意的正确答案。错选、不选均不得分）

1. 下列关于通货膨胀对企业财务活动影响的表述中，错误的是（　　）。
   A. 增加企业的资金需求
   B. 引起企业利润虚增
   C. 加大企业筹资成本
   D. 引起有价证券价格上升

2. 如果纯利率为 5%，通货膨胀补偿率为 2%，风险收益率为 4%，则必要收益率为（　　）。
   A. 3%　　　　　B. 6%　　　　　C. 11%　　　　　D. 7%

3. 根据成本性态，下列各项中，属于变动成本的是（　　）。
   A. 厂房折旧
   B. 员工培训费
   C. 直接材料
   D. 管理人员基本薪资

4. 某企业当年实际销售费用为 6 000 万元，占销售额的 5%，企业预计下年销售额增加 50 000 万元，于是就将下年销售费用预算简单地确定为 8 500（6 000 + 50 000 × 5%）万元。从中可以看出，该企业采用的预算编制方法为（　　）。
   A. 弹性预算法
   B. 零基预算法
   C. 滚动预算法
   D. 增量预算法

5. 在编制直接材料预算时，下列各项中，与计算本期预计材料采购量无关的是（　　）。
   A. 上期生产需用量
   B. 本期期初材料存量
   C. 本期期末材料存量
   D. 本期生产需用量

6. 某企业编制直接材料预算，预计第四季度期初材料存量 456 千克，第四季度生产需用量 2 120 千克，预计期末材料存量为 350 千克，材料单价为 10 元/千克，若材料采购货款有 50% 在本季度内付清，另外 50% 在下季度付清，则该企业预计资产负债表年末"应付账款"项目为（　　）元。
   A. 11 130　　　B. 14 630　　　C. 10 070　　　D. 13 560

7. 某企业从银行取得一笔中长期贷款，第三方张某承诺，该企业到期不能偿还贷款时，由张某代为清偿，不考虑其他因素，该贷款类型属于（　　）。

    A. 质押贷款　　　　B. 保证贷款　　　　C. 抵押贷款　　　　D. 信用贷款

8. 某航空公司为开通一条国际航线，需增加两架空客飞机。为尽快形成航运能力，下列筹资方式中，该公司通常会优先考虑（　　）。

    A. 普通股筹资　　　B. 债券筹资　　　　C. 优先股筹资　　　D. 租赁筹资

9. 平均资本成本计算涉及对个别资本的权重选择问题，对于有关价值权数，下列说法中正确的是（　　）。

    A. 账面价值权数适合评价现时的资本结构合理性

    B. 目标价值权数一般以历史账面价值为依据

    C. 目标价值权数更适用于企业未来的筹资决策

    D. 目标价值权数能够反映现时的资本成本水平

10. 使用销售百分比法预测资金需求时，外部融资需求量等于因销售增长带来的资金需求增加额扣除（　　）。

    A. 预测期未分配利润期末余额

    B. 基期未分配利润期末余额

    C. 基期利润留存额

    D. 预测期利润留存额

11. 将企业投资区分为发展性投资和维持性投资所依据的分类标志是（　　）。

    A. 按投资活动与企业本身的生产经营活动的关系分

    B. 按投资对象的存在形态和性质分

    C. 按投资活动对企业未来生产经营前景的影响分

    D. 按投资活动资金的投出方向分

12. 某投资项目只有第一年年初产生现金净流出，随后各年均产生现金净流入，且其动态回收期短于项目寿命期，则该投资项目的净现值（　　）。

    A. 大于 0　　　　　B. 无法判断　　　　C. 等于 0　　　　　D. 小于 0

13. 所谓现金流量，在投资决策中是指一个项目引起的企业（　　）。

    A. 现金流出和现金流入的总量

    B. 货币资金流出和货币资金流入增加的数量

    C. 现金流出和现金流入增加的数量

    D. 流动资金的增加和减少数量

14. 根据债券估值基本模型，不考虑其他因素的影响，当市场利率上升时，固定利率债券价值的变化方向是（　　）。

    A. 不变　　　　　　B. 不确定　　　　　C. 下降　　　　　　D. 上升

15. 投资风险中，非系统风险的特征是（　　）。

    A. 不能被投资多样化所稀释　　　B. 不能消除而只能回避

    C. 通过投资组合可以分散　　　　D. 对各个投资者的影响程度相同

16. 下列关于本量利分析基本假设的表述中，不正确的是（   ）。

    A. 产销平衡

    B. 产品产销结构稳定

    C. 销售收入与业务量呈完全线性关系

    D. 总成本由营业成本和期间费用两部分组成

17. 当公司宣布采用高股利政策后，投资者认为公司有充足的财务实力和良好的发展前景，从而使股价产生正向反映。持有这种观点的股利理论是（   ）。

    A. 所得税差异理论   B. 信号传递理论

    C. 代理理论   D. "手中鸟"理论

18. 下列销售预测方法中，属于因果预测分析的是（   ）。

    A. 指数平滑法   B. 移动平均法

    C. 专家判断法   D. 回归直线法

19. 某公司 2025 年末发行在外的普通股股数为 250 万股，每股净资产为 30 元，负债总额为 5 000 万元，假设资产负债表年末数代表全年平均水平，2025 年该公司的净利润为 500 万元，该公司 2025 年总资产净利率为（   ）。

    A. 6.67%   B. 4%   C. 10%   D. 12%

20. 某上市公司股票市价为 20 元，普通股数量 100 万股，净利润 400 万元，净资产 500 万元，则市净率为（   ）。

    A. 4   B. 5   C. 10   D. 20

二、多项选择题（本类题共 10 小题，每小题 2 分，共 20 分。每小题备选答案中，有两个或两个以上符合题意的正确答案。请至少选择两个答案。全部选对得满分，少选得相应分值，多选、错选、不选均不得分）

1. 关于经济周期中的经营理财策略，下列说法中正确的有（   ）。

    A. 在企业经济复苏期企业应当增加厂房设备

    B. 在企业经济繁荣期企业应减少劳动力，以实现更多利润

    C. 在经济衰退期企业应减少存货

    D. 在经济萧条期企业应裁减雇员

2. 下列各项中，属于普通股股东拥有的权利有（   ）。

    A. 优先认股权   B. 优先分配收益权

    C. 股份转让权   D. 剩余财产要求权

3. 不考虑其他因素的影响，若公司的财务杠杆系数变大，下列表述中正确的有（   ）。

    A. 产销量的增长将引起息税前利润更大幅度的增长

    B. 息税前利润的下降将引起每股收益更大幅度的下降

    C. 表明公司盈利能力下降

    D. 表明公司财务风险增大

4. 控制现金支出的目标是在不损害企业信誉的条件下，尽可能推迟现金的支出，下列选项中，能够实现该目标的有（　　）。

　　A. 使用零余额账户　　　　　　　B. 汇票代替支票

　　C. 改进员工工资支付模式　　　　D. 争取现金流出与现金流入同步

5. 孙某以 5 元的价格卖出一只股票的欧式看跌期权，执行价格为 100 元，下列情况中，对孙某能有正的净损益的情形有（　　）。

　　A. 到期日股票的价格为 93 元　　B. 到期日股票的价格为 98 元

　　C. 到期日股票的价格为 100 元　　D. 到期日股票的价格为 105 元

6. 下列投资项目财务评价指标中，考虑了项目寿命期内全部现金流量的有（　　）。

　　A. 现值指数　　　B. 动态回收期　　　C. 年金净流量　　　D. 内含收益率

7. 企业要想提高边际贡献总额，可采取的措施有（　　）。

　　A. 降低固定成本　　　　　　　　B. 提高销售单价

　　C. 降低单位变动成本　　　　　　D. 扩大销售量

8. 在盈利总额和市盈率不变的情况下，上市公司发放股票股利可能导致的结果有（　　）。

　　A. 公司股东权益内部结构发生变化

　　B. 每位股东所持股票的市场价值下降

　　C. 公司每股收益下降

　　D. 公司股份总额发生变化

9. 经济增加值（EVA）指从税后净营业利润中扣除全部投入资本的成本后的剩余收益，下列表述中正确的有（　　）。

　　A. 营业外收支、递延税金等都要从税后净营业利润中扣除

　　B. 全部投入资本是指股东投入的资本

　　C. 经济增加值为负，表明经营者在损毁企业价值

　　D. 全部投入资本的成本等于平均所有者权益乘以股东要求的必要报酬率

10. 下列各项中，能同时影响流动比率和速动比率的经济业务有（　　）。

　　A. 以银行存款购买国债　　　　　B. 偿还短期借款

　　C. 采购原材料　　　　　　　　　D. 以银行存款购买固定资产

三、判断题（本类题共 10 小题，每小题 1 分，共 10 分。请判断每小题的表述是否正确。每小题答题正确的得 1 分，错答、不答均不得分，也不扣分）

1. 协调相关者的利益冲突，要把握的原则是尽可能使企业相关者的利益分配在金额上达到协调平衡。　　　　　　　　　　　　　　　　　　　　　　（　　）

2. 金融市场可以划分为货币市场和资本市场，股票市场属于资本市场。（　　）

3. 经营杠杆的存在导致了经营风险的产生。　　　　　　　　　　　（　　）

4. 不考虑其他因素的影响，如果企业临时融资能力较强，则其预防性需求的现金持有量一般较低。　　　　　　　　　　　　　　　　　　　　　　　（　　）

5. 在终值和计息期一定的情况下，贴现率越低，则复利现值越高。　　　　（　　）

6. 某公司发行永续债，如果没有规定明确的还本期限，则属于股权筹资方式。

（　　）

7. 不考虑其他因素，如果企业临时融资能力较强，则其预防性需求的现金持有量一般较低。　　　　　　　　　　　　　　　　　　　　　　　　　（　　）

8. 在紧缩型流动资产投资策略下，企业一般会维持较高水平的流动资产与销售收入比率，因此财务风险与经营风险较小。　　　　　　　　　　　　　　　（　　）

9. 以制造成本为基础定价，既可以保证企业简单再生产的正常进行，又可以使劳动者为社会劳动所创造的价值得以全部实现。　　　　　　　　　　　（　　）

10. 净收益营运指数是收益质量分析的重要指标，一般而言，净收益营运指数越小，表明企业收益质量越好。　　　　　　　　　　　　　　　　　　　（　　）

四、计算分析题（本类题共 3 小题，共 15 分。凡要求计算的，可不列出计算过程；计算结果出现两位以上小数的，均四舍五入保留小数点后两位小数，百分比指标保留百分号前两位小数。凡要求解释、分析、说明理由的，必须有相应的文字阐述）

1. 甲公司当前持有一个由 A、B 两只股票构成的投资组合，价值总额为 400 万元，A 股票与 B 股票的价值比重为 4∶6，β 系数分别为 1.7 和 1.2。为了进一步分散风险，公司拟将 C 股票加入投资组合，价值总额不变，A、B、C 三只股票的投资比重调整为 2∶4∶4，C 股票的系统性风险是 B 股票的 0.6 倍。公司采用资本资产定价模型确定股票投资的收益率，当前无风险收益率为 4%，市场平均收益率为 9%。

要求：

（1）计算当前由 A、B 两只股票构成的投资组合的 β 系数。

（2）计算 C 股票的风险收益率与必要收益率。

（3）计算由 A、B、C 三只股票构成的投资组合的必要收益率。

2. ABC 公司 2025 年度设定的每季度末预算现金余额的额定范围为 50 万～60 万元，其中，年末余额已预定为 60 万元。公司计划采用短期借款的方式解决资金短缺，假定当前银行约定的单笔短期借款还款必须为 10 万元的整数倍，年利息率为 6%，借款发生在相关季度的期初，每季度末计算并支付借款利息，还款发生在相关季度的期末。公司决定在第三季度将原有有价证券按 90 万元进行出售。2025 年该公司无其他融资计划。ABC 公司编制的 2025 年度资金预算的部分数据如下表所示。

2025 年度 ABC 公司资金预算　　　　　　　　　　　　　单位：万元

项目	第一季度	第二季度	第三季度	第四季度	全年
期初现金余额	40	×	×	×	（H）
经营现金收入	1 010	×	×	×	5 536.6
可供使用现金	×	1 396.3	1 549	×	（I）

续表

项目	第一季度	第二季度	第三季度	第四季度	全年
经营现金支出	800	×	×	1 302	4 353.7
资本性现金支出	×	300	400	300	1 200
现金支出合计	1 000	1 365	×	1 602	5 553.7
现金余缺	（A）	31.3	−37.7	132.3	×
取得短期借款	0	（C）	0	0	20
归还短期借款	0	0	0	20	×
支付短期借款利息	0	（D）	0.3	0.3	×
购买有价证券	0	0	0	（G）	×
出售有价证券	0	0	90	0	×
期末现金余额	（B）	（E）	（F）	×	（J）

说明：表中"×"表示省略的数据。

要求：

（1）计算上表中用字母"A～J"表示的项目数值（不需要列示计算过程）。

（2）计算借款的实际年利率。

3. A 公司利润分配前的股东权益结构如下表所示。

单位：元

项目	金额
股本（面值 2.5 元，发行 20 000 万股）	50 000
资本公积	15 000
未分配利润	160 000
股东权益合计	225 000

已知本年净利润为 45 000 万元，每股市价为 20 元。

要求：

（1）计算利润分配前的每股收益、每股净资产、市盈率。

（2）若考虑按市价发放 6% 的股票股利，计算发放股票股利后的下列指标：

①股东权益各项目数额。

②每股收益。

③每股净资产。

（3）若按 1∶2 的比例进行股票分割，分割后：

①股东权益各项目有何变化？

②每股收益为多少？

③每股净资产为多少？

五、综合题（本类题共 2 小题，共 25 分。凡要求计算的，可不列出计算过程；计算结果出现两位以上小数的，均四舍五入保留小数点后两位小数，百分比指标保留百分号前两位小数。凡要求解释、分析、说明理由的，必须有相应的文字阐述）

1. 甲公司是一家国内创业板上市的制造企业，基于公司持续发展需要，公司决定优化资本结构，并据以调整相关股利分配政策。

有关资料如下：

资料一：公司已有的资本结构为：

债务资金账面价值为 600 万元，全部为银行借款本金，年利率为 8%，假设不存在手续费等其他筹资费用；权益资金账面价值为 2 400 万元，权益资本成本率采用资本资产定价模型计算。已知无风险收益率为 6%，市场组合收益率为 10%。公司股票的 β 系数为 2。公司适用的企业所得税税率为 25%。

资料二：公司当前销售收入为 12 000 万元，变动成本率为 60%，固定成本总额 800 万元。上述变动成本和固定成本均不包含利息费用。

随着公司所处资本市场环境变化以及持续稳定发展的需要，公司认为已有的资本结构不够合理，决定采用公司价值分析法进行资本结构优化分析。

经研究，公司拿出两种资本结构调整方案，两种方案下的债务资金和权益资本的相关情况如下表所示。

调整方案	全部债务市场价值（万元）	税前债务利息率（%）	公司权益资本成本率（%）
方案 1	2 000	8	10
方案 2	3 000	8.4	12

假定公司债务市场价值等于其账面价值，且税前债务利息率等于税前债务资本成本率，同时假定公司息税前利润水平保持不变，权益资本市场价值按净利润除以权益资本成本率这种简化方式进行测算。

资料三：公司实现净利润 2 800 万元。为了确保最优资本结构，公司拟采用剩余股利政策。假定投资计划需要资金 2 500 万元，其中权益资金占比应达到 60%。公司发行在外的普通股数量为 2 000 万股。

资料四：公司自上市以来一直采用基本稳定的固定股利政策，每年发放的现金股利均在每股 0.9 元左右。不考虑其他因素影响。

要求：

（1）根据资料一，计算公司的债务资本成本率、权益资本成本率，并按账面价值权数计算公司的平均资本成本率。

（2）根据资料二，计算公司当前的边际贡献总额、息税前利润。

（3）根据资料二，计算两种方案下的公司市场价值，并据以判断采用何种资本结构优化方案。

（4）根据资料三，计算投资计划所需要的权益资本数额以及预计可发放的现金股利，并据此计算每股股利。

（5）根据要求（4）的计算结果和资料四，不考虑其他因素，依据信号传递理论，判断公司改变股利政策可能给公司带来什么不利影响。

2. E 公司只产销一种甲产品，甲产品只消耗乙材料。2024 年第四季度按定期预算法编制 2025 年的企业预算，部分预算资料如下：

资料一：乙材料 2025 年初的预计结存量为 1 600 千克，每季度乙材料的购货款于当季支付 70%，剩余 30% 于下一个季度支付；2025 年初的预计应付账款余额为 50 000 元。该公司 2025 年度乙材料的采购预算如下表所示。

项目	第一季度	第二季度	第三季度	第四季度	全年
预计甲产品产量（件）	3 000	（G）	3 640	4 500	（L）
材料定额单耗（千克/件）	5	5	5	5	5
预计生产需要量（千克）	（A）	（F）	18 200	22 500	（M）
加：期末结存量（千克）	800	1 200	1 000	1 500	1 500
预计需要量合计（千克）	（B）	18 000	19 200	24 000	74 000
减：期初结存量（千克）	（C）	800	（J）	1 000	1 600
预计材料采购量（千克）	（D）	（H）	（K）	23 000	（N）
材料计划单价（元/千克）	8	8	8	8	8
预计采购金额（元）	（E）	（I）	144 000	184 000	579 200

资料二：E 公司 2025 年第一季度实际生产甲产品 3 200 件，耗用乙材料 17 600 千克，乙材料的实际单价为 7.5 元/千克。

要求：

（1）确定 E 公司乙材料采购预算表中用字母表示的项目数值。

（2）计算 E 公司第一季度预计采购现金支出和第四季度末预计应付款金额。

（3）计算乙材料的单位标准成本。

（4）计算 E 公司第一季度甲产品消耗乙材料的成本差异、价格差异与用量差异。

（5）根据上述计算结果，指出 E 公司乙材料成本差异的原因及应当采取的主要措施。

2025 年度中级会计资格
《财务管理》全真模拟试题（一）
答案速查、参考答案及解析

答案速查

一、单项选择题

1. D	2. D	3. A	4. B	5. C
6. C	7. C	8. D	9. A	10. B
11. B	12. A	13. C	14. B	15. C
16. D	17. B	18. A	19. C	20. D

二、多项选择题

1. ACD	2. BCD	3. ABD	4. BD	5. BD
6. ABD	7. ACD	8. AB	9. ACD	10. AC

三、判断题

1. ×	2. ×	3. ×	4. ×	5. √
6. √	7. √	8. ×	9. ×	10. √

参考答案及解析

一、单项选择题

1. 【答案】D

【解析】本题相当于已知现值求年金，$A \times (P/A, 8\%, 10) = 100$，$A = 100/(P/A, 8\%, 10)$。

2. 【答案】D

【解析】本题的考点是已知普通年金现值，求年资本回收额。$30\,000 = A \times (P/A, 10\%, 10)$，$A = 30\,000/(P/A, 10\%, 10) = 30\,000/6.1446 = 4\,882.34$（元）。

3. 【答案】A

【解析】假设该基金的收益率为 i，则 $100 \times (F/A, i, 10) = 1\,800$，解得：$(F/A, i, 10) = 18$；同时 $(F/A, 12\%, 10) = 17.549$，$(F/A, 14\%, 10) = 19.337$，所以，$(i - 12\%)/(14\% - 12\%) = (18 - 17.549)/(19.337 - 17.549)$，解得：$i = 12.5\%$。

4. 【答案】B

【解析】选项 A 为风险规避，选项 B 为风险转换，选项 C 为风险转移，选项 D 为风险对冲。

5. 【答案】C

【解析】销售预算的主要内容是销量、单价、销售收入和预计现金收入。

6. 【答案】C

【解析】上年第三季度销售在上年第三季度收回 60%，在上年第四季度收回 35%，在上年末还有 5% 没有收回，即 4 000 元为上年第三季度销售额的 5%，这部分资金在第一季度可以全部收回；上年第四季度销售额在上年第四季度收回 60%，在上年年末还有 40% 没有收回，即 20 000 元为上年第四季度销售额的 40%。第四季度的销售额在预算年度第一季度可以收回 35%，因此预算年度第一季度收回的应收账款 = 4 000 + 20 000/40% × 35% = 21 500（元）。具体见下表。

项目		上年		本年	
		第三季度	第四季度	第一季度	第二季度
上年	第三季度	60%	35%	5%	
	第四季度		60%	35%	5%
本年	第一季度			60%	35%
	第二季度				60%

7. 【答案】C

【解析】预计资产负债表的编制需以计划期开始日的资产负债表为基础，结合计划期间各项经营预算、专门决策预算、资金预算和预计利润表进行编制，选项 A 错误。编制预计资产负债表的目的，在于判断预算反映的财务状况的稳定性和流动性，选项 B 错误。预计资产负债表是编制全面预算的终点，选项 C 正确、选项 D 错误。

8.【答案】D

【解析】货币资金年末余额 = 第四季度期末现金余额 = 第四季度期初现金余额 + 本期现金收入 − 本期现金支出 = 1.5 + 20 − 19 = 2.5（万元）。

9.【答案】A

【解析】本期应收账款周转率 = 本期营业收入/[（期初应收账款 + 期末应收账款)/2]，即 8 = 本期营业收入/[（120 + 180)/2]，本期营业收入 = 1 200 万元，本期的营业收入增长率 = （1 200 − 1 000)/1 000 = 20%。

10.【答案】B

【解析】回售条款是指债券持有人有权按照事先约定的价格将债券卖回给发债公司的条件规定。回售一般发生在公司股票价格在一段时期内连续低于转股价格达到某一幅度时，回售对于投资者而言实际上是一种卖权，有利于降低投资者的持券风险。设置赎回条款的最主要功能是强制债券持有者积极行使转股权。选项 A、D 错误。转换比率为债券面值与债券价格之比，选项 C 错误。

11.【答案】B

【解析】担保贷款是指由借款人或第三方依法提供担保而获得的贷款。担保包括保证责任、财产抵押、财产质押，由此，担保贷款包括保证贷款、抵押贷款和质押贷款三种基本类型。

12.【答案】A

【解析】相对于股权筹资来说，银行借款筹资的优点有：筹资速度快、筹资成本低、筹资弹性大。此外，银行借款可以发挥财务杠杆作用，但使用银行借款将导致公司的财务风险较高。

13.【答案】C

【解析】资金需要量 = （基期资金平均占用额 − 不合理资金占用额）×（1 + 预测期销售增长率）÷（1 + 预测期资金周转速度增长率）= （3 500 − 500)×（1 + 5%）/（1 + 2%）= 3 088.24（万元）。

14.【答案】B

【解析】留存收益资本成本与普通股资本成本计算相同，不同点在于留存收益资本成本率不考虑筹资费用。留存收益的资本成本率 = 2 ×（1 + 2%）/10 + 2% = 22.4%。

15.【答案】C

【解析】内含收益率是净现值为 0 对应的折现率。净现值 = 未来现金净流量现值 − 原始投资额现值，故有：$40 ×（P/A，IRR，10) − 200 = 0$，整理可得：$（P/A，IRR，10) = 200/40 = 5$。$（P/A，14\%，10) = 5.2161 > 5$，$（P/A，16\%，10) = 4.8332 < 5$。应用内插法可知：$（IRR − 14\%)/（16\% − 14\%) = （5 − 5.2161)/（4.8332 − 5.2161)$，即：$（IRR − 14\%)/2\% = 0.56$，$IRR − 14\% = 2\% × 0.56 = 1.12\%$，$IRR = 14\% + 1.12\% = 15.12\%$。

【提示】作为单选题，为了节省时间，本题并不需要用内插法计算，直接根据 5 与 4.8332 的差额小于 5.2161 与 5 的差额就可以定性判断答案大于 15% 小于 16%，即选项 C 正确。

16.【答案】D

【解析】这道题目的考点在于计算第一年年末的股票价格，而不是零时点的股票价格。$V_1 = D_2/(Rs - g) = D_0 \times (1 + g)^2/(Rs - g) = 0.75 \times (1 + 4\%)2/(10\% - 4\%) = 13.52$（元）。

17.【答案】B

【解析】单位产品价格 $= (300\,000 + 42\,000)/[20\,000 \times (1 - 5\%)] = 18$（元）。

18.【答案】A

【解析】直接人工效率差异是效率差异，其形成的原因是多方面的，工人技术状况、工作环境和设备条件的好坏等，都会影响直接人工效率的高低，但其主要责任还是在生产部门，所以本题正确答案为选项 A。

19.【答案】C

【解析】财产股利是以现金以外的其他资产支付的股利，主要是以公司所拥有的其他公司的有价证券，如债券、股票等作为股利支付给股东。

20.【答案】D

【解析】销售预测的定性分析方法包括营销员判断法、专家判断法、产品寿命周期分析法；销售预测的定量分析方法包括趋势预测分析法、因果预测分析法。

二、多项选择题

1.【答案】ACD

【解析】利率不仅包含时间价值，而且也包含风险价值和通货膨胀的因素，由此可知，货币时间价值相当于没有风险和通货膨胀情况下的利率，因此，纯利率就是货币时间价值，所以选项 A 正确；由于社会平均资金利润率包含风险和通货膨胀因素，所以选项 B 错误；由于国库券几乎没有风险，所以，通货膨胀率极低时，可以用国债的利率表示货币时间价值，因此，选项 C 正确；无风险收益率是货币时间价值和通货膨胀补偿率之和，不考虑通货膨胀下的无风险报酬率就是货币时间价值，所以，选项 D 正确。

2.【答案】BCD

【解析】永续年金指没有终结期的普通年金。该永续现金流量在 0 时点有发生额 90 万元，所以选项 A 错误。

3.【答案】ABD

【解析】制造费用中，除折旧费外都需要支付现金。制造费用中的折旧费不会导致现金流出，因此选项 C 的说法不正确。

4.【答案】BD

【解析】间接筹资的基本方式是银行借款，此外还有租赁等方式。选项 A、C 属于直接筹资方式。

5. 【答案】BD

【解析】优先股股东不可要求无法支付股息的公司进入破产程序，不能向人民法院提出企业重整、和解或者破产清算申请。所以，选项 A 的说法不正确。优先股股息从税后利润中支付，不会产生所得税抵减效应，选项 C 的说法不正确。在分配剩余财产时，顺序是债权人、优先股股东、普通股股东，所以，选项 B 的说法正确。债权人和优先股股东都没有表决权，所以，都不会影响普通股股东对公司的控制权，选项 D 的说法正确。

6. 【答案】ABD

【解析】本题的考点为影响资本结构的因素。如果预期市场利率会上升，企业便会大量发行长期债券，从而在若干年内把利率固定在较低水平。

7. 【答案】ACD

【解析】该项目现值指数大于 1，说明项目的净现值大于 0，项目可行，因此内含收益率大于资本成本 14%，动态回收期本质是净现值为 0 的时间，本项目净现值大于 0，说明动态回收期小于经营期限 10 年，营业期累计折现的净现金流量的现值就抵偿了原始投资额现值，静态回收期不考虑资金时间价值，同一项目计算结果是小于动态回收期的，所以静态回收期必定小于 10 年。

8. 【答案】AB

【解析】价格差异 =（实际价格 – 标准价格）× 实际用量；用量差异 = 标准价格 ×（实际用量 – 实际产量下的标准用量）；直接人工工资率差异、变动制造费用耗费差异均属于价格差异。

9. 【答案】ACD

【解析】对公司来讲，股票股利的优点主要有：（1）发放股票股利不需要向股东支付现金，在再投资机会较多的情况下，公司就可以为再投资提供成本较低的资金，从而有利于公司的发展，选项 A 正确；（2）发放股票股利可以降低公司股票的市场价格，既有利于促进股票的交易和流通，又有利于吸引更多的投资者成为公司股东，进而使股权更为分散，有效地防止公司被恶意控制，选项 B 错误，选项 D 正确；（3）股票股利的发放可以传递公司未来发展前景良好的信息，从而增强投资者的信心，在一定程度上稳定股票价格，选项 C 正确。

10. 【答案】AC

【解析】本题考查的知识点是企业短期偿债能力，营运资金是绝对数，不便进行不同企业之间的比较。选项 B 错误。使用速动比率时应考虑行业的差异性。选项 D 错误。因此，选项 A、C 正确。

三、判断题

1. 【答案】×

【解析】相对于个人独资企业与合伙企业，公司制企业成立后，政府对其监管比较严格，需要定期提交各种报告。

2. 【答案】×

【解析】通货膨胀会引起利率上升，加大企业的筹资成本，增加企业的筹资难度。

3.【答案】×

【解析】由于存在无风险收益率，所以当甲资产 β 系数是乙资产 β 系数的 2 倍时，甲资产必要收益率小于乙资产必要收益率的 2 倍。

4.【答案】×

【解析】技术性变动成本也叫约束性变动成本，指由技术或设计关系所决定的变动成本，与产量有明确的技术或实物关系的变动成本。其特点是只要生产就必然会发生，如果不生产，则不会发生。

5.【答案】√

【解析】混合性筹资动机，一般是基于企业规模扩张和调整资本结构两种目的，兼具扩张性筹资动机和调整性筹资动机的特性。本题说法正确。

6.【答案】√

【解析】独立投资方案之间比较时，决策要解决的问题是如何确定各种可行方案的投资顺序，即各独立方案之间的优先次序。排序分析时，以各独立方案的获利程度作为评价标准，一般采用内含收益率法进行比较决策。内含收益率指标综合反映了各方案的获利程度，在各种情况下的决策结论都是正确的。所以，此题说法正确。

7.【答案】√

【解析】存货管理的目标，就是在保证生产和销售经营需要的前提下，最大限度地降低存货成本。

8.【答案】×

【解析】这部分在生产过程中游离出来的资金属于暂时闲置资金，将其进行短期债券投资，符合利用闲置资金、增加企业收益的目的。

9.【答案】×

【解析】采用应收账款保理后，可以借助专业的保理商去催收账款，能够在很大程度上降低坏账发生的可能性，所以，不会增加坏账损失，反而会减少坏账损失。本题的说法不正确。

10.【答案】√

【解析】低于正常股利加额外股利政策是在公司盈利不足或资金需求较多时只发放低正常股利，不发放额外红利，不会导致公司资金紧张、财务状况恶化；在公司资金有富余时，发放额外红利，还转移了公司使用资金的压力，赋予公司较大的灵活性。

四、计算分析题

1.【答案】

销售增长率 $= (9\,000 - 6\,000)/6\,000 \times 100\% = 50\%$

（1）2025 年增加的流动资产 $= (200 + 400 + 900) \times 50\% = 750$（万元）

（2）2025 年增加的流动负债 $= 600 \times 50\% = 300$（万元）

（3）2025 年增加的留存收益 $= 9\,000 \times 600/6\,000 \times (1 - 70\%) = 270$（万元）

（4）2025 年的外部融资需求量 $= 750 - 300 - 270 + 1\,500 = 1\,680$ （万元）

2.【答案】

（1）改变信用政策前：

销售额 $= 48\,000 \times 100 = 4\,800\,000$ （元）

边际贡献 $= 4\,800\,000 \times (1 - 60\%) = 1\,920\,000$ （元）

收账费用 $= 4\,800\,000 \times 30\% \times 4\% = 57\,600$ （元）

平均收现期 $= 20 \times 70\% + 50 \times 30\% = 29$ （天）

应收账款应计利息 $= 10\% \times 60\% \times 29 \times (4\,800\,000/360) = 23\,200$ （元）

存货占用资金应计利息 $= 3\,000 \times 100 \times 60\% \times 10\% = 18\,000$ （元）

改变信用政策后：

销售额 $= 4\,800\,000 \times 1.1 = 5\,280\,000$ （元）

边际贡献 $= 5\,280\,000 \times (1 - 60\%) = 2\,112\,000$ （元）

边际贡献增加 $= 2\,112\,000 - 1\,920\,000 = 192\,000$ （元）

收账费用 $= 5\,280\,000 \times 10\% \times 5\% = 26\,400$ （元）

收账费用减少 $= 57\,600 - 26\,400 = 31\,200$ （元）

平均收现期 $= 10 \times 40\% + 20 \times 20\% + 30 \times 30\% + 60 \times 10\% = 23$ （天）

应收账款应计利息 $= 10\% \times 60\% \times 23 \times (5\,280\,000/360) = 20\,240$ （元）

应收账款应计利息减少 $= 23\,200 - 20\,240 = 2\,960$ （元）

存货占用资金应计利息 $= 3\,600 \times 100 \times 60\% \times 10\% = 21\,600$ （元）

存货占用资金应计利息增加 $= 21\,600 - 18\,000 = 3\,600$ （元）

现金折扣成本 $= 5\,280\,000 \times (4\% \times 40\% + 1\% \times 20\%) = 95\,040$ （元）

现金折扣成本增加 $= 95\,040 - 0 = 95\,040$ （元）

（2）改变信用政策的净损益 $= 192\,000 + 31\,200 + 2\,960 - 3\,600 - 95\,040 = 127\,520$ （元）

由于改变信用政策的净损益大于零，所以该公司应该推出该现金折扣政策。

3.【答案】

(1) 计算追加投资前 A 投资中心的剩余收益：

A 投资中心的息税前利润额 $= 200 \times 15\% = 30$ （万元）

A 投资中心的剩余收益 $= 30 - 200 \times 12\% = 6$ （万元）

(2) 计算追加投资前 B 投资中心的平均经营资产：

B 投资中心的息税前利润额 $=$ 平均经营资产 $\times 17\%$

B 投资中心的剩余收益 $=$ 平均经营资产 $\times 17\% -$ 平均经营资产 $\times 12\% = 20$ （万元）

平均经营资产 $= 20/(17\% - 12\%) = 400$ （万元）

(3) 计算追加投资前甲公司的投资收益率：

投资收益率 $= (200 \times 15\% + 400 \times 17\%)/(200 + 400) = 16.33\%$

(4) 若 A 投资中心接受追加投资，计算其剩余收益：

剩余收益 $= (200 \times 15\% + 20) - (200 + 100) \times 12\% = 14$ （万元）

(5) 若 B 投资中心接受追加投资，计算其投资收益率：

投资收益率 $=(400×17\%+15)/(400+100)=16.60\%$

五、综合题

1. 【答案】

（1）①投资期现金净流量 $NCF_0=-(7\,200+1\,200)=-8\,400$（万元）

②年折旧额 $=7\,200×(1-10\%)/6=1\,080$（万元）

③生产线投入使用后第 1～5 年每年的营业现金净流量 $NCF_{1\sim5}=(11\,880-8\,800)×(1-25\%)+1\,080×25\%=2\,580$（万元）

④生产线投入使用后第 6 年的现金净流量 $NCF_6=2\,580+1\,200+7\,200×10\%=4\,500$（万元）

⑤净现值 $=-8\,400+2\,580×(P/A,12\%,5)+4\,500×(P/F,12\%,6)=-8\,400+2\,580×3.6048+4\,500×0.5066=3\,180.08$（万元）

（2）A 方案的年金净流量 $=3\,180.08/(P/A,12\%,6)=3\,180.08/4.1114=773.48$（万元）

B 方案的年金净流量 $=3\,228.94/(P/A,12\%,8)=3\,228.94/4.9676=650$（万元）

由于 A 方案的年金净流量大于 B 方案的年金净流量，因此乙公司应选择 A 方案。

（3）① $(EBIT-16\,000×8\%)×(1-25\%)/(4\,000+7\,200/6)=(EBIT-16\,000×8\%-7\,200×10\%)×(1-25\%)/4\,000$

$EBIT=(5\,200×2\,000-4\,000×1\,280)/(5\,200-4\,000)=4\,400$（万元）

②每股收益无差别点的每股收益 $=(4\,400-16\,000×8\%)×(1-25\%)/(4\,000+7\,200/6)=0.45$（元）

③该公司预期息税前利润 4\,500 万元大于每股收益无差别点的息税前利润，所以应该选择财务杠杆较大的方案二：债券筹资。

（4）①乙公司普通股的资本成本 $=0.3×(1+10\%)/6+10\%=15.5\%$

②筹资后乙公司的加权平均资本成本 $=15.5\%×24\,000/(40\,000+7\,200)+8\%×(1-25\%)×16\,000/(40\,000+7\,200)+10\%×(1-25\%)×7\,200/(40\,000+7\,200)=11.06\%$。

2. 【答案】

（1）2024 年的基本每股收益 $=8\,400/(3\,000+2\,000×3/12)=2.4$（元/股）

（2）2025 年的基本每股收益 $=10\,600/(3\,000+2\,000)=2.12$（元/股）

2025 年的稀释每股收益 $=(10\,600+200)/(3\,000+2\,000+8\,000/10×6/12)=2$（元/股）

（3）2025 年末市盈率 $=31.8/2.12=15$（倍）

该公司的市盈率 15 倍低于同行业类似可比公司的市盈率 25 倍，由此可见，市场对于该公司股票的评价偏低。或：甲公司普通股的每股市价 31.8 元小于同行业类似可比公司的每股价值 53 元（25×2.12），所以该公司的股价被市场低估。

2025 年度中级会计资格
《财务管理》全真模拟试题（二）
答案速查、参考答案及解析

答案速查

一、单项选择题

1. D	2. C	3. D	4. A	5. D
6. A	7. D	8. A	9. B	10. C
11. B	12. C	13. C	14. D	15. D
16. C	17. D	18. B	19. A	20. A

二、多项选择题

1. ABCD	2. ACD	3. ABD	4. BC	5. ACD
6. ABD	7. ABC	8. ABCD	9. BCD	10. ABC

三、判断题

1. ×	2. √	3. √	4. √	5. √
6. ×	7. ×	8. √	9. √	10. ×

参考答案及解析

一、单项选择题

1. 【答案】D

【解析】集权与分权相结合的财务管理体制下，通常应当集权的有：集中制度制定权；集中筹资、融资权；集中投资权；集中用资、担保权；集中固定资产购置权；集中财务机构设置权；集中收益分配权。通常应当分散的有：分散经营自主权；分散人员管理权；分散业务定价权；分散费用开支审批权。

2. 【答案】C

【解析】名义利率 =（1 + 实际利率）×（1 + 通货膨胀率）－ 1 =（1 + 5%）×（1 + 2%）－ 1 = 7.1%。

3. 【答案】D

【解析】账户分析法，又称会计分析法，它是根据有关成本账户及其明细账的内容，结合其与业务量的依存关系，判断其比较接近哪一类成本，就视其为哪一类成本。这种方法简便易行，但比较粗糙且带有主观判断。

4. 【答案】A

【解析】选项 B、C 属于例行性保护条款，选项 D 属于特殊性保护条款。

5. 【答案】D

【解析】租赁折现率 = 8% + 2% = 10%，每年的租金 =［40 － 5 ×（P/F，10%，5)］/(P/A，10%，5) = 9.73（万元）。

6. 【答案】A

【解析】留存收益资本成本 =［2 ×（1 + 2%）/25］× 100% + 2% = 10.16%。

7. 【答案】D

【解析】财务杠杆系数 = 普通股收益变动率/息税前利润变动率，2025 年普通股收益增长率 = 20% × 3 = 60%，2025 年普通股收益 = 100 ×（1 + 60%）= 160（万元）。

8. 【答案】A

【解析】影响经营杠杆的因素包括：企业成本结构中的固定成本比重；息税前利润水平。其中，息税前利润水平又受产品销售数量、销售价格、成本水平（单位变动成本和固定成本总额）高低的影响。固定成本比重越高、成本水平越高、产品销售数量和销售价格水平越低，经营杠杆效应越大，反之则相反。而利息费用属于影响财务杠杆系数的因素。

9. 【答案】B

【解析】权衡理论认为，有负债企业的价值 = 无负债企业价值 + 税赋节约现值 － 财务困境成本的现值，选项 B 正确。

10.【答案】C

【解析】原始投资额 = 500 + 500 = 1 000（万元），考虑投资期之后，第 2 年收回 400 万元，第 3 年收回 400 万元，第 4 年收回 250 万元，所以，截至第 3 年年末还有 200 万元（1 000 - 400 - 400 = 200）未收回，未收回的 200 万元在第 4 年可以全部收回，因此，包括投资期的静态回收期 = 3 + 200/250 = 3.8（年）。未来现金净流量的现值等于原始投资额现值时所经历的时间为动态回收期，也就是累计折现现金净流量为 0 时所经历的时间为动态回收期，所以，本题包括投资期的动态回收期为 6 年（投资期 1 年 + 营业期 5 年）。

11.【答案】B

【解析】两只债券票面利率均高于必要收益率，说明两只债券均为溢价发行。期限越长，表明未来获得高于市场利率的高利息出现的频率更多，则债券价值越高。即偿还期限长的债券价值高，所以选项 B 正确。

12.【答案】C

【解析】赊销是对客户的优惠，有促进销售和减少存货的功能。

13.【答案】C

【解析】截至第 5 年尚未收回的原始总投资 = 400 - 120 - 125 - 133 = 22（万元），项目的静态回收期 = 5 + (22/200) = 5.11（年）。

14.【答案】D

【解析】每股营业现金净流量是通过企业经营活动现金流量净额与普通股股数之比来反映的。

15.【答案】D

【解析】固定制造费用耗费差异 = 190 000 - 10 400 × 1.5 × 12 = 2 800（元）（超支）；固定制造费用能量差异 = (10 400 × 1.5 - 8 000 × 1.5) × 12 = 43 200（元）（超支）；固定制造费用成本差异 = 190 000 - 8 000 × 1.5 × 12 = 46 000（元）（超支）；固定制造费用效率差异 = (10 000 - 8 000 × 1.5) × 12 = -24 000（元）（节约），所以选项 D 是正确答案。

16.【答案】C

【解析】盈亏平衡点的销售额 = 固定成本总额/边际贡献率，所以当降低单位变动成本或变动成本率，边际贡献率变大，盈亏平衡点销售额变小，选项 A、B 不正确，选项 C 正确；当降低固定成本总额时，盈亏平衡点销售额变小，选项 D 不正确。

17.【答案】D

【解析】股票回购若用大量资金支付回购成本，容易造成资金紧张，降低资产流动性，降低偿债能力，因此不利于保护债权人的利益，而且会提高公司的财务风险，选项 A 错误，选项 D 正确。进行股票回购，减少股份供应量，会集中控股股东的控制权，选项 B 错误；股票回购意味着公司认为其股票价值被低估，选项 C 错误。

18.【答案】B

【解析】限制性股票模式是指公司为了实现某一特定目标，公司先将一定数量的股票赠与或以较低的价格授予激励对象，只有当实现预期目标后，激励对象才可将限制性股票抛售并从中获利。若预期目标没有实现，公司有权将免费赠与的限制性股票收回或将售出股票以激励对象购买时的原价回购。优点是在限制期间公司不需要支付现金对价，便能够留住人才。缺点是缺乏一个能推动股价上涨的激励机制，在企业股价下降的时候，激励对象仍能获得股份，这样可能达不到激励的效果，并使股东遭受损失。

19.【答案】A

【解析】企业第四季度最低借款额 = 18 500 + 10 000 + 500 + 借款额 ×8% /4，最低借款额 = 29 591. 84 元，由于借款金额是 1 000 元的整数倍，所以借款额为 30 000 元。

20.【答案】A

【解析】应收账款的年初余额是在 1 月初，应收账款的年末余额是在 12 月末，这两个月份都是该企业的生产经营淡季，应收账款的数额较少，因此用这两个月的应收账款余额平均数计算出的应收账款周转速度会比较高。

二、多项选择题

1.【答案】ABCD

【解析】常见的衍生金融工具包括远期合同、期货合同、互换合同和期权合同等。

2.【答案】ACD

【解析】本题考查资本资产定价模型。资本资产定价模型是"必要收益率 = 无风险收益率 + 风险收益率"的具体化，反映资产的必要收益率，选项 A 正确。该模型中的资产主要指的是股票资产，选项 B 错误。风险收益率指的是 $\beta \times (Rm - Rf)$，该表达式解释了风险收益率的决定因素和度量方法，选项 C 正确。该模型只考虑了系统风险，没有考虑非系统风险，这是因为非系统风险可以通过资产组合消除，一个充分的投资组合几乎没有非系统性风险，选项 D 正确。

3.【答案】ABD

【解析】销售百分比法首先假设某些资产与销售额存在稳定的百分比关系，根据销售与资产的比例关系预计资产额，根据资产额预计相应的负债和所有者权益，进而确定筹资需求量，选项 A、B 是正确的。预计由于销售增长而需要的资金需求增长额，扣除利润留存后，即为所需要的外部筹资额。因此，选项 C 是错误的。外部融资需求量 = $A/S1 \times \Delta S - B/S1 \times \Delta S - P \times E \times S2$，式中，$A$ 表示随销售而变化的敏感性资产；B 表示随销售而变化的敏感性负债；$S1$ 表示基期销售额；$S2$ 表示预测期销售额；ΔS 表示销售变动额；P 表示销售净利率；E 表示利润留存率；$A/S1$ 表示敏感性资产与销售额的关系百分比；$B/S1$ 表示敏感性负债与销售额的关系百分比。根据式中的变量，选项 D 说法是正确的。

4.【答案】BC

【解析】静态回收期不考虑时间价值，通常会小于动态回收期，选项 A 错误；动态回收期是未来现金净流量的现值等于原始投资额现值时所经历的时间。动态回收期短于项目的寿命期，所以项目未来现金净流量现值大于项目原始投资额现值。净现值 =

未来现金净流量现值 - 原始投资额现值，故净现值 >0，选项 B 正确。若原始投资一次支出且每年净现金流量相等，静态回收期 = 原始投资/每年等额的净现金流量 = 计算内含收益率所使用的年金现值系数，选项 C 正确。回收期法没有考虑回收期后的现金流量，选项 D 错误。

5. 【答案】ACD

【解析】息税前利润 = （单价 - 单位变动成本）×销售量 - 固定成本，固定成本同利润反方向变动，因此，固定成本对利润的敏感系数为负数，选项 B 的表述错误。

6. 【答案】ABD

【解析】价格型内部转移定价是指以市场价格为基础，由成本和毛利构成的内部转移价格，一般适用于内部利润中心。

7. 【答案】ABC

【解析】发放股票股利后，未分配利润 = 5 000 - 3 000/10 × 10 = 2 000（万元），股本 = 3 000 + 3 000/10 × 1 = 3 300（万元），资本公积 = 2 000 + 3 000/10 × (10 - 1) = 4 700（万元），发放股票股利不影响盈余公积，选项 A、C 正确，选项 D 错误。发放股票股利前后股东权益金额不变，仍为 3 000 + 2 000 + 2 000 + 5 000 = 12 000（万元），选项 B 正确，或变化后各项相加，即 3 300 + 2 000 + 4 700 + 2 000 = 12 000（万元）。

8. 【答案】ABCD

【解析】财务绩效定量评价是指对企业一定期间的盈利能力、资产质量、债务风险和经营增长四个方面进行定量对比分析和评判。

9. 【答案】BCD

【解析】制造费用预算的计算式为 $y = a + bx$，方法 1：利用内插法（实质就是高低点法公式），则有 $b = (18\,000 - 15\,000)/(500 - 300) = 15$（元/工时），$a = 18\,000 - 15 \times 500 = 10\,500$（元），可得出 $y = 10\,500 + 15x$。

方法 2：将混合成本修正为直线，利用解联立方程（$y = a + bx$）的方式解答：$18\,000 = a + 500b$，$15\,000 = a + 300b$，解得：固定制造费用 $a = 10\,500$ 元，单位变动制造费用 $b = 15$ 元/工时。因此关系式为：$y = 10\,500 + 15x$，选项 C、D 正确。业务量为 0，则制造费用 = 10 500 元，选项 A 错误。业务量为 320 工时，则制造费用 = 10 500 + 15 × 320 = 15 300（元），选项 B 正确。

10. 【答案】ABC

【解析】杜邦分析体系是以净资产收益率为起点，以总资产净利率和权益乘数为基础，重点揭示企业盈利能力及权益乘数对净资产收益率的影响，以及各相关指标间的相互影响和作用关系。

三、判断题

1. 【答案】×

【解析】企业在生命周期各个阶段特点不同，所对应的财务管理体制选择模式也会有区别。如在初创阶段，企业经营风险高，财务管理宜偏重集权模式。因此，本题说法是错误的。

2.【答案】√

【解析】弹性预算的公式法的优点是在一定范围内预算可以随业务量变动而变动，可比性和适应性强，编制预算的工作量相对较小；其缺点是按公式进行成本分解比较麻烦，对每个费用子项目甚至细目逐一进行成本分解，工作量很大。

3.【答案】√

【解析】债务资本，是企业按合同向债权人取得的，在规定期限内需要清偿的债务。由于债务资金到期要归还本金和支付利息，债权人对企业的经营状况不承担责任，因而债务资金具有较大的财务风险，但付出的资本成本相对较低。而股权资本一般不用偿还本金，形成企业的永久性资本，因此财务风险小，但资本成本相对较高。因此本题说法是正确的。

4.【答案】√

【解析】与债券筹资相比，股权筹资的缺点有：（1）资本成本较高；（2）控制权变更可能影响企业长期稳定发展；（3）信息沟通与披露成本较大。

5.【答案】√

【解析】认股权证本质上是一种股票期权，属于衍生金融工具，具有实现融资和股票期权激励的双重功能。但认股权证本身是一种认购普通股的期权，它没有普通股的红利收入，也没有普通股相应的投票权。

6.【答案】×

【解析】证券资产不能脱离实体资产而完全独立存在，但证券资产的价值不是完全由实体资产的现实生产经营活动决定的，而是取决于契约性权利所能带来的未来现金流量，是一种未来现金流量折现的资本化价值。

7.【答案】×

【解析】随着订货批量的增加，企业的存货总成本随着订货量的增加先呈现递减趋势，此时是反向变化；在变动订货成本和变动储存成本相等时，企业的总成本达到最低；然后随着订货量的增加再提高，此时是正向变化。所以本题的说法不正确。

8.【答案】√

【解析】本题考查作业业绩考核。若要评价作业流程的执行情况，必须建立业绩指标，可以是财务指标，也可以是非财务指标，非财务指标主要体现在效率、质量和时间三个方面，如投入产出比、次品率、生产周期等。

9.【答案】√

【解析】本题考查的是利润分配制约因素。根据法律规定，在进行利润分配时，一般应当贯彻"无利不分"的原则，即当企业出现年度亏损时，一般不进行利润分配。

10.【答案】×

【解析】计算利息保障倍数时，公式中的分母"应付利息"是指本期发生的全部应付利息，包括财务费用中的利息费用和资本化利息。

四、计算分析题

1.【答案】

（1）长期借款的资本成本率 = 4.8% × （1 - 25%）= 3.6%

（2）发行债券的资本成本率 = 5 600 × 6% × （1 - 25%）/6 000 = 4.2%

（3）普通股的资本成本率 = 4% + 1.5 × （10% - 4%）= 13%

（4）平均资本成本率 = 3.6% × 3 000/20 000 + 4.2% × 6 000/20 000 + 13% × 11 000/20 000 = 8.95%

2.【答案】

（1）信用条件改变前没有现金折扣。

现金折扣成本增加额 = 信用条件改变后现金折扣 = 赊销收入 × 享受现金折扣比例 × 现金折扣率 = 5 000 × 50% × 2% = 50（万元）

（2）应收账款平均收现期 = 10 × 50% + 40 × 50% = 25（天）

（3）应收账款机会成本增加额

= （赊销收入/360）× （信用条件改变后的应收账款平均收现期 - 信用条件改变前的应收账款平均收现期）× 变动成本率 × 资本成本

= （5 000/360）× （25 - 40）× 50% × 12%

= - 12.5（万元）

（4）税前利润增加额

= 减少的坏账损失和收账费用 - 应收账款机会成本增加额 - 现金折扣成本增加额

= 100 - （-12.5）- 50

= 62.5（万元）

提供现金折扣的信用条件可行。理由：提供现金折扣能够增加税前利润。

【提示】 成本费用减少额等同于收益增加额，税前利润增加额 = 收益增加额 - 成本费用增加额。

（5）A 产品的变动制造费用标准分配率

= 标准变动制造费用总额/标准总工时

= 4 550 000/70 000 = 65（元/小时）

A 产品的变动制造费用实际分配率

= 实际变动制造费用总额/实际总工时

= 5 292 000/75 600 = 70（元/小时）

A 产品的变动制造费用效率差异

= （实际工时 - 实际产量 × 单位标准工时）× 变动制造费用标准分配率

= （75 600 - 36 000 × 2）× 65

= 234 000（元）

3.【答案】

（1）由于采用固定股利政策，则 2024 年支付的现金股利为 3 000 万元。

2024 年股利支付率 = 3 000/12 000 × 100% = 25%

（2）2024 年股利支付率 = 2022 年股利支付率 = 3 000/10 000 × 100% = 30%

（3）投资需要的权益资金 = 8 000 × 3/5 = 4 800（万元）

2024 年股利支付率 = （12 000 - 4 800）/12 000 × 100% = 60%

（4）额外股利 = （12 000 - 2 000）× 16% = 1 600（万元）

2024 年股利支付率 = （2 000 + 1 600）/12 000 × 100% = 30%

（5）①剩余股利政策的优点：保持理想的资本结构，加权平均资本成本最低。

剩余股利政策的缺点：受到当年盈利水平和未来投资规模影响，每年股利发放额不稳定。

②固定股利政策的优点：稳定的股利向市场传递着公司正常发展的信息，有利于树立公司良好形象，增强投资者对公司的信心，稳定股票的价格；稳定的股利有利于投资者安排股利收入和支出；股票市场受到多种因素影响，其中包括股东的心理状态和其他要求，稳定的股利可能要比降低股利或降低股利增长率对稳定股价更为有利。

固定股利政策的缺点：股利的支付与盈余脱节，可能造成公司资金短缺；不能像剩余股利政策那样保持较低的资本成本。

③固定股利支付率政策的优点：使股利与公司盈余紧密结合，以体现多盈多分、少盈少分、无盈不分的原则。

固定股利支付率政策的缺点：各年的股利变动较大，极易造成公司不稳定的感觉，对稳定股票价格不利。

④低正常股利加额外股利政策的优点：具有较大灵活性，有利于股东增强对公司的信心，有利于股票价格稳定；可使那些依靠股利度日的股东每年至少可以得到虽然较低但比较稳定的股利收入，从而吸引住这部分股东。

低正常股利加额外股利政策的缺点：由于各年度之间公司盈利的波动使得额外股利不断变化，造成分派的股利不同，容易给投资者造成收益不稳定的感觉。当公司在较长时间持续发放额外股利后，可能会被股东误认为"正常股利"，一旦取消，传递出的信号可能会使股东认为这是公司财务状况恶化的表现，进而导致股价下跌。

五、综合题

1.【答案】

（1）根据企业 A、B、C 相关财务数据，计算 $\beta_{资产}$：

A 公司 $\beta_{资产}$ = 1.10/[1 + （1 - 15%）× 4/6] = 0.7021

B 公司 $\beta_{资产}$ = 1.20/[1 + （1 - 25%）× 5/5] = 0.6857

C 公司 $\beta_{资产}$ = 1.40/[1 + （1 - 20%）× 6/4] = 0.6364

平均的 $\beta_{资产}$ = （0.7021 + 0.6857 + 0.6364）/3 = 0.6747

按照甲公司的目标资本结构转换为适用于本公司的 $\beta_{权益}$：

甲公司的 $\beta_{权益}$ = 0.6747 × [1 + （1 - 25%）× 4/6] = 1.0121

根据资本资产定价模型计算权益资本成本：

权益资本成本 $=5\% +1.0121\times(10\% -5\%)=10.06\%$

项目折现率 = 加权平均资本成本 $=10\% \times(1-25\%)\times40\% +10.06\% \times60\% =9\%$

（2）年折旧 $=5\,000\times(1-5\%)/10=475$（万元）

0 时点的现金净流量 $=-5\,000-300=-5\,300$（万元）

第 1～2 年每年的营业现金净流量 $=[200\times(10-6)-120]\times(1-25\%)+475\times25\% =628.75$（万元）

第 3～6 年每年的营业现金净流量 $=[400\times(10-6)-120]\times(1-25\%)+475\times25\% =1\,228.75$（万元）

第 7 年年末账面净值 $=5\,000-475\times7=1\,675$（万元）

第 7 年的现金净流量 $=1\,228.75+1\,200+(1\,675-1\,200)\times25\% +300=2\,847.5$（万元）

净现值 $=-5\,300+628.75\times(P/A, 9\%, 2)+1\,228.75\times(P/A, 9\%, 4)\times(P/F, 9\%, 2)+2\,847.5\times(P/F, 9\%, 7)=-5\,300+628.75\times1.7591+1\,228.75\times3.2397\times0.8417+2\,847.5\times0.5470=714.24$（万元）

因为净现值大于 0，所以项目可行。

（3）

单位：万元

时点	0	1	2	3	4	5	6	7
现金净流量	-5 300	628.75	628.75	1 228.75	1 228.75	1 228.75	1 228.75	2 847.5
累计现金净流量	-5 300	-4 671.25	-4 042.5	-2 813.75	-1 585	-356.25	872.5	3 720

静态回收期 $=5+356.25/1\,228.75=5.29$（年）

2.【答案】

（1）计算乙公司 2024 年下列指标：

①营业收入增长率 $=(45\,000-40\,000)/40\,000=12.5\%$

②总资产增长率 $=(356\,000-228\,000)/228\,000\approx56.14\%$

③2023 年的营业利润 $=40\,000-25\,000-12\,000=3\,000$（万元）

2024 年的营业利润 $=45\,000-28\,000-13\,000=4\,000$（万元）

营业利润增长率 $=(4\,000-3\,000)/3\,000\approx33.33\%$

④年初所有者权益 $=10\,000+50\,000+48\,000=108\,000$（万元）

严格意义上的资本保值增值率 $=(108\,000+3\,000)/108\,000\approx102.78\%$

⑤年末所有者权益 $=20\,000+73\,000+51\,000=144\,000$（万元）

所有者权益增长率 $=(144\,000-108\,000)/108\,000\approx33.33\%$

（2）流动资产融资策略由保守型转为激进型。

2024 年初：波动性流动资产 36 000 万元 > 短期借款 30 000 万元，流动资产融资策略是保守型融资策略。

2024 年末：波动性流动资产 53 000 万元 < 短期借款 60 000 万元，流动资产融资策略是激进型融资策略。

（3）计算息税前利润和边际贡献：

①2024 年息税前利润 = 45 000 − 28 000 − （13 000 − 4 000） = 8 000（万元）

②2024 年的边际贡献 = 8 000 + 16 000 = 24 000（万元）

（4）2025 年的经营杠杆系数 = 24 000/8 000 = 3

2025 年的财务杠杆系数 = 8 000/（8 000 − 4 000） = 2

2025 年的总杠杆系数 = 3 × 2 = 6

2025 年息税前利润的增长率 = 5% × 3 = 15%

2025 年每股收益的增长率 = 5% × 6 = 30%

2025 年度中级会计资格
《财务管理》全真模拟试题（三）
答案速查、参考答案及解析

答案速查

一、单项选择题

1. A	2. C	3. B	4. B	5. D
6. A	7. B	8. B	9. D	10. B
11. D	12. A	13. A	14. A	15. B
16. D	17. C	18. D	19. D	20. B

二、多项选择题

1. ABCD	2. ABD	3. AD	4. BD	5. ACD
6. BC	7. ABC	8. AD	9. BD	10. ABC

三、判断题

1. ×	2. ×	3. ×	4. √	5. ×
6. ×	7. ×	8. ×	9. ×	10. √

参考答案及解析

一、单项选择题

1. 【答案】A

【解析】作为实体的企业，各所属单位之间往往具有某种业务上的联系，特别是那些实施纵向一体化战略的企业，要求各所属单位保持密切的业务联系。各所属单位之间业务联系越密切，就越有必要采用相对集中的财务管理体制（题中的企业集团是一个上下游密切关联的产业集团，因此适合采用集权型）。企业意欲采用集权型财务管理体制，除了企业管理高层必须具备高度的素质能力外，在企业内部还必须有一个能及时、准确地传递信息的网络系统（题中的企业集团内部信息化管理基础较好，符合采取集权型财务管理体制的条件），所以本题正确答案为选项 A。

2. 【答案】C

【解析】财务管理的原则包括系统性原则、风险权衡原则、现金收支平衡原则、成本收益权衡原则、利益关系协调原则。所以选项 C 正确。

3. 【答案】B

【解析】投资组合的 β 系数 $=20\% \times 0.6 + 40\% \times 2 + 40\% \times 1.4 = 1.48$，投资组合的必要收益率 $=4\% + 1.48 \times (10\% - 4\%) = 12.88\%$，选项 B 正确。

4. 【答案】B

【解析】单位变动维修成本 $=(108 - 100)/(5.0 - 4.0) = 8$（万元/万小时）

固定维修成本 $= 108 - 8 \times 5.0 = 68$（万元）

或： $\qquad = 100 - 4.0 \times 8 = 68$（万元）

维修成本的一般方程式为： $Y = 68 + 8X$。

5. 【答案】D

【解析】下一季度的销售费用预算 $=40 + 120 \times 0.6 = 112$（万元）。

6. 【答案】A

【解析】直接筹资是企业直接与资金供应者协商融通资金的筹资活动，直接筹资方式主要有发行股票、发行债券、吸收直接投资等。直接筹资方式既可以筹集股权资金，也可以筹集债务资金。

7. 【答案】B

【解析】与购买的一次性支出相比，租赁的财务风险小。因为租赁能够避免一次性支付的负担，而且租金支出是未来的、分期的，企业无须一次筹集大量资金偿还。还款时，租金可以通过项目本身产生的收益来支付，是一种基于未来的"借鸡生蛋、卖蛋还钱"的筹资方式。

8.【答案】B

【解析】内部筹资是指企业通过利润留存而形成的筹资来源，留存收益属于内部筹资。

9.【答案】D

【解析】具有提前偿还条款的债券可使公司筹资有较大的弹性。选项 A 错误。提前偿还所支付的价格通常要高于债券的面值，并随着到期日的临近而下降。选项 B、C 错误。当公司资金有结余时，可提前赎回债券；当预测利率下降时，也可提前赎回债券，而后以较低的利率来发行新债券。选项 D 正确。

10.【答案】B

【解析】方案一加权平均资本成本 = 5% ×40% + 9% ×10% + 12% ×50% = 8.9%。方案二加权平均资本成本 = 5% ×20% + 9% ×80% = 8.2%。方案三加权平均资本成本 = 9% ×50% + 12% ×50% = 10.5%。应选择加权平均资本成本最低的方案二。

11.【答案】D

【解析】财务杠杆系数 = EPS 变动百分比/EBIT 变动百分比，因此 2023 年 EPS 增长率 = 20% ×3 = 60%，则普通股收益 = 100 × (1 + 60%) = 160（万元）。

12.【答案】A

【解析】若每年现金净流量不相等时，设 M 是收回原始投资额的前一年，即：静态回收期 = M + 第 M 年的尚未回收额/第 (M + 1) 年的现金净流量，所以选项 A 错误。

13.【答案】A

【解析】动态回收期是未来现金净流量的现值等于原始投资额现值时所经历的时间。本题中动态回收期短于项目的寿命期，所以项目未来现金净流量现值大于项目原始投资额现值。净现值 = 未来现金净流量现值 − 原始投资额现值，故净现值 > 0。"动态回收期短于项目的寿命期"，说明原始投资额现值被弥补完之后，项目仍在继续经营，未来仍有现金流入企业，所以项目未来现金净流量现值大于项目原始投资额现值。

14.【答案】A

【解析】投资项目的年金净流量 = (180 ×7.0 − 840)/7.0 = 60（万元）。

15.【答案】B

【解析】每日平均需用量 d = 10 800/360 = 30（吨），再订货点 = $B + L \times d$ = 3 ×20 + 3 ×20 = 120（吨）。

16.【答案】D

【解析】独立方案投资决策时，以各个方案的获利程度作为评价标准，一般采用内含收益率法进行比较决策。

17.【答案】C

【解析】存货经济订货批量 = $\sqrt{\dfrac{2 \times 存货年需要量 \times 每次订货变动成本}{单位变动储存成本}}$，所以选项 C

不影响存货经济订货批量。

18.【答案】D

【解析】息税前利润 = 边际贡献 – 固定成本 = 销售收入 × 边际贡献率 – 盈亏平衡点销售额 × 边际贡献率 =（销售收入 – 盈亏平衡点销售额）× 边际贡献率 = 安全边际额 × 边际贡献率 = 安全边际率 × 边际贡献，所以选项 D 不正确。

19.【答案】D

【解析】变动制造费用效率差异 =（实际工时 – 标准工时）× 变动制造费用标准分配率 =（6 300 – 3 000 × 2）× 3 = 900（元）。

20.【答案】B

【解析】本题考查作业动因类型。强度动因是不易按照频率、次数或执行时间进行分配而需要直接衡量每次执行所需资源的成本动因，包括特别复杂产品的安装、质量检验等，选项 B 正确。

二、多项选择题

1.【答案】ABCD

【解析】股东与债权人的利益冲突，可以通过以下方式解决：（1）限制性借债。债权人事先规定借债用途限制、借债担保条款和借债信用条件。（2）收回借款或停止借款。当债权人发现企业有侵蚀其债权价值的意图时，采取收回债权或不再给予新的借款的措施，从而保护自身权益。此外，在长期借款的保护性条款中，限制支付现金股利属于一般性保护条款的内容，也可以视为缓解公司债权人和股东之间利益冲突的措施。

2.【答案】ABD

【解析】实际收益率表示已经实现或者确定可以实现的资产收益率，表述为已实现或确定可以实现的利息（股息）率与资本利得收益率之和。当存在通货膨胀时，还应当扣除通货膨胀率的影响，剩余的才是真实的收益率。一般按照加权平均法计算预期收益率；无风险收益率也称无风险利率，它是指无风险资产的收益率，它的大小由纯粹利率（货币时间价值）和通货膨胀补偿率两部分组成。必要收益率 = 无风险收益率 + 风险收益率。无风险收益率 = 纯粹利率 + 通货膨胀率。因此，正确答案是选项 A、B、D。

3.【答案】AD

【解析】租赁的租金通常比银行借款或发行债券所负担的利息高得多，所以资本成本较高，选项 B 错误。租赁与购买的一次性支出相比，能够避免一次性支付的负担，而且租金支出是未来的、分期的，企业无须一次筹集大量资金偿还，所以财务风险小、财务优势明显，选项 C 错误。

4.【答案】BD

【解析】债务筹资的优点包括：（1）筹资速度较快；（2）筹资弹性较大；（3）资本成本较低；（4）可以利用财务杠杆；（5）稳定公司的控制权。

5.【答案】ACD

【解析】目标价值权数的确定，可以选择未来的市场价值，也可以选择未来的账面价值。选项 B 错误。

6.【答案】BC

【解析】内含收益率是使净现值等于 0 时的折现率，内含收益率大于必要报酬率时，项目的净现值大于 0，未来现金净流量现值大于原始投资额现值，现值指数大于 1，年金净流量大于 0。静态回收期会小于项目寿命期，但是不能说静态回收期小于项目寿命期的一半。

7.【答案】ABC

【解析】单一投资项目，若现值指数大于 1，则净现值大于 0，年金净流量大于 0，内含收益率大于资本成本率，动态回收期小于项目寿命期 11 年，选项 B、C 正确。因为静态回收期不考虑时间价值，所以静态回收期小于动态回收期，选项 A 正确。年金净流量＝净现值/年金现值系数，无法判断年金净流量是否大于原始投资额，选项 D 错误。

8.【答案】AD

【解析】短期融资券是由企业依法发行的无担保短期本票，选项 B 错误。短期融资券发行和交易的对象是银行间债券市场的机构投资者，不向社会公众发行和交易，选项 C 错误。

9.【答案】BD

【解析】在通常情况下，利润中心采用利润作为业绩考核指标，分为边际贡献、可控边际贡献和部门边际贡献，所以选项 B、D 正确。对投资中心的业绩进行评价时，不仅要使用利润指标，还需要计算、分析利润与投资的关系，主要有投资收益率和剩余收益等指标，所以选项 A、C 错误。

10.【答案】ABC

【解析】本题考查股票股利。发放股票股利增加的股数＝3 000×1/10＝300（万股），发放后的股本＝3 000＋300×3 000/3 000＝3 300（万元），选项 A 正确。发放后的未分配利润＝5 000－300×10＝2 000（万元），选项 B 正确。发放股票股利，不改变所有者权益总额，因此发放股票股利后的所有者权益总额＝发放股票股利前的所有者权益总额＝3 000＋5 000＋2 000＋2 000＝12 000（万元），选项 C 正确。发放股票股利，不会改变盈余公积，仍为 2 000 万元，选项 D 错误。

三、判断题

1.【答案】×

【解析】纯利率是在没有通货膨胀、无风险情况下资金市场的平均利率，不是最低利率。本题说法错误。

2.【答案】×

【解析】"所得税费用"项目是在利润规划时估计的，并已列入资金预算。它通常不是根据"利润总额"和所得税税率计算出来的，因为有诸多纳税调整的事项存在。从预算编制程序上看，如果根据"利润总额"和税率重新计算所得税，就需要修改"资金预算"，引起信贷计划修订，进而改变"利息"，最终又要修改"利润总额"，从而陷入数据的循环修改。

3.【答案】×

【解析】能在直接材料预算中找到的项目包括产品产量、材料单耗、材料总耗用量、期初材料存量、期末材料存量、材料采购量、材料单价、材料采购金额等，没有产品销量。

4.【答案】√

【解析】短期融资券的筹资特点如下：（1）筹资成本较低。相对于发行企业债券筹资而言，发行短期融资券的筹资成本较低。（2）筹资数额比较大。相对于银行借款筹资而言，短期融资券一次性的筹资数额比较大。（3）发行条件比较严格。

5.【答案】×

【解析】优先股资本成本 $= \dfrac{D}{P_n(1-f)}$，发行价格 P_n 在分母上，因此优先股的发行价格越高，其资本成本率越低。

6.【答案】×

【解析】优序融资理论下，企业的筹资优序模式首先是内部筹资，其次是借款、发行债券、可转换债券，最后是发行新股筹资。

7.【答案】×

【解析】信贷额度亦即贷款限额，是借款企业与银行在协议中规定的借款最高限额，信贷额度的有效期限通常为 1 年。一般情况下，在信贷额度内，企业可以随时按需要支用借款。但是，银行并不承担必须支付全部信贷数额的义务。

8.【答案】×

【解析】作业中心可以是某一项具体的作业，也可以是由若干个相互联系的能够实现某种特定功能的作业的集合。

9.【答案】×

【解析】"手中鸟"理论认为公司的股利政策与公司的股票价格是密切相关的，即当公司支付较高的股利时，公司的股票价格会随之上升，公司价值将得到提高。

10.【答案】√

【解析】对于认股权证和股份期权，在计算稀释每股收益时，分子的净利润并不发生变化。所以作为分子的净利润金额一般不变。

四、计算分析题

1.【答案】

（1）单位变动制造费用 =（54 000 - 48 000）/（5 500 - 4 500）= 6（元）

固定制造费用总额 = 54 000 - 5 500 × 6 = 21 000（元）

（2）2025年第一季度A产品的预计制造费用总额 = 21 000 + 6 × 5 160 = 51 960（元）

（3）a = 6 000 × 10% = 600（件）；b = 480 件；c = 4 800 + a − b = 4 800 + 600 − 480 = 4 920（件）；d = 5 000 × 10% = 500（件）；e = a = 600 件；f = 6 000 + d − e = 6 000 + 500 − 600 = 5 900（件）

（4）①2025年第二季度的销售收入预算总额 = 4 800 × 200 = 960 000（元）

②2025年第二季度的相关现金收入预算总额 = 960 000 × 70% + 5 200 × 200 × 30% = 984 000（元）

2. 【答案】

（1）A = 16 000 + 1 200 = 17 200（千克）

B = 14 000 × 5 + 1 300 = 71 300（千克）

C = 1 200 千克

D = 3 200 × 5 + 1 000 − 2 000 = 15 000（千克）

E = 693 000/10 = 69 300（千克）

（2）第一季度采购支出 = 150 000 × 40% + 80 000 = 140 000（元）

第四季度末应付账款 = 201 000 × 60% = 120 600（元）

（3）乙材料的单位标准成本 = 5 × 10 = 50（元/件）

（4）材料成本差异 = 20 400 × 9 − 3 400 × 5 × 10 = 13 600（元）

材料价格差异 = （9 − 10）× 20 400 = −20 400（元）

材料用量差异 = 10 × （20 400 − 3 400 × 5）= 34 000（元）

（5）材料差异的主要原因是生产部门耗用材料超过标准，所以企业应该查明材料用量超标的具体原因，以便改进工作，节约材料。

3. 【答案】

（1）单位变动成本的下降百分比 = （20 − 15）/20 = 25%

单价 = 80 × （1 − 25%）= 60（元/件）

单位边际贡献 = 60 − 15 = 45（元/件）

边际贡献率 = 45/60 = 75%

盈亏平衡点的业务量 = 63 000/45 = 1 400（件）

盈亏平衡作业率 = 1 400/3 500 = 40%

安全边际率 = 1 − 40% = 60%

销售利润率 = 边际贡献率 × 安全边际率 = 75% × 60% = 45%

（2）可接受的最低单价 = （84 000 + 63 000）/3 500 + 15 = 57（元/件）

（3）①存货周转期 = 360/6 = 60（天）

②应收账款周转期 = 360/4 = 90（天）

③应付账款周转期 = 360/3.6 = 100（天）

④现金周转期 = 60 + 90 − 100 = 50（天）

五、综合题

1. 【答案】

（1）①息税前利润 = 45 000 ×（240 － 200）－ 1 200 000 = 600 000（元）

②盈亏平衡点销售量 = 1 200 000/（240 － 200）= 30 000（件）

盈亏平衡点销售额 = 30 000 × 240 = 7 200 000（元）

（2）①经营杠杆系数 = 45 000 ×（240 － 200）/600 000 = 3

②财务杠杆系数 = 600 000/（600 000 － 4 000 000 × 5%）= 1.5

③总杠杆系数 = 3 × 1.5 = 4.5

（3）2023 年每股收益 =（600 000 － 4 000 000 × 5%）×（1 － 25%）/800 000 = 0.375（元/股）

（4）①盈亏平衡点销售量 = 1 800 000/（240 － 150）= 20 000（件）

②安全边际率 = 1 － 20 000/45 000 = 55.56%

③息税前利润 = 45 000 ×（240 － 150）－ 1 800 000 = 2 250 000（元）

（5）（$EBIT$ － 4 000 000 × 5% － 6 000 000 × 6%）×（1 － 25%）/800 000 =（$EBIT$ － 4 000 000 × 5%）×（1 － 25%）/（800 000 ＋ 200 000）

解得：每股收益无差别点 $EBIT$ = 2 000 000 元。

生产线更新后息税前利润大于每股收益无差别点息税前利润，甲公司应选择向银行借款的融资方案。

（6）债券资本成本 = [1 000 × 8% ×（1 － 25%）]/900 = 6.67%

2. 【答案】

（1）2025 年需要增加的营运资金 = 6 000 × 25% × [（3 000/6 000）－（900/6 000）] = 525（万元）

（2）2025 年需要增加对外筹集的资金 = 525 ＋ 200 ＋ 100 － 6 000 ×（1 ＋ 25%）× 10% × 50% = 450（万元）

（3）2025 年末的流动资产额 = 300 ＋ 900 ＋ 1 800 ＋ 6 000 × 25% × [（300 ＋ 900 ＋ 1 800）/6 000] = 3 750（万元）

2025 年末的流动负债额 = 300 ＋ 600 ＋ 6 000 × 25% × [（300 ＋ 600）/6 000] = 1 125（万元）

2025 年末的资产总额 = 3 750 ＋ 2 100 ＋ 300 ＋ 200 ＋ 100 = 6 450（万元）

2025 年末的负债总额 = 1 125 ＋ 2 700 = 3 825（万元）

2025 年末的所有者权益总额 = 6 450 － 3 825 = 2 625（万元）

（4）2025 年末的速动比率 = [3 750 － 1 800 ×（1 ＋ 25%）]/1 125 = 1.33

2025 年末的产权比率 = 3 825/2 625 = 1.46

（5）2025 年的流动资产周转次数 = 6 000 ×（1 ＋ 25%）/[（300 ＋ 900 ＋ 1 800 ＋ 3 750）/2] = 2.22（次）

2025 年的总资产周转次数 = 6 000 ×（1 ＋ 25%）/[（5 400 ＋ 6 450）/2] = 1.27（次）

（6）2025 年的净资产收益率 = 6 000 × (1 + 25%) × 10%/[(1 200 + 600 + 2 625)/2] = 33.90%

（7）2025 年的所有者权益增长率 = (2 625 - 1 200 - 600)/(1 200 + 600) = 45.83%

2025 年的总资产增长率 = (6 450 - 5 400)/5 400 = 19.44%

2025 年度中级会计资格
《财务管理》全真模拟试题（四）
答案速查、参考答案及解析

答案速查

一、单项选择题

1. C	2. B	3. A	4. D	5. B
6. A	7. A	8. C	9. C	10. D
11. B	12. C	13. C	14. B	15. A
16. D	17. D	18. C	19. B	20. C

二、多项选择题

1. AB	2. AD	3. ACD	4. ABC	5. BC
6. ABD	7. BD	8. AC	9. ABCD	10. ABD

三、判断题

1. ×	2. √	3. √	4. √	5. √
6. ×	7. ×	8. √	9. √	10. √

参考答案及解析

一、单项选择题

1.【答案】C

【解析】本题考查相关者的利益冲突与协调。解聘是一种通过股东约束经营者的办法，而接收是一种通过市场约束经营者的办法，选项 A、B 正确。当公司的所有权和经营管理权分离以后，所有者成为委托人，经营管理者成为代理人，代理人有可能为了自身利益而损害委托人利益，这属于委托代理问题，不会形成产权问题，选项 C 错误，故本题应当选 C。

2.【答案】B

【解析】选项 A 属于风险规避，选项 C 属于风险对冲，选项 D 属于风险补偿。

3.【答案】A

【解析】当市场收益率为 10% 时，资产的必要收益率 R = 无风险收益率 + 1.5 × (10% - 无风险收益率)，当市场收益率为 8% 时，资产的必要收益率 R_1 = 无风险收益率 + 1.5 × (8% - 无风险收益率)，解得 $R - R_1 = 3\%$，所以，资产的必要收益率减少了 3%，变成 $R - 3\%$。资产的必要收益率 = $R - 3\%$。

4.【答案】D

【解析】生产需用量 = 预计生产量 × 单位产品材料耗用量 = 1 000 × 15 = 15 000（千克），预计采购量 = 生产需用量 + 期末存量 - 期初存量 = 15 000 + 3 000 - 1 000 = 17 000（千克），选项 D 正确。

5.【答案】B

【解析】银行借款筹资广泛适用于各类企业，它既可以筹集长期资金，也可以用于融通短期资金，具有灵活、方便的特点。

6.【答案】A

【解析】租赁的筹资特点包括：（1）无须大量资金就能迅速获得资产。（2）财务风险小，财务优势明显。（3）租赁筹资的限制条件较少。（4）租赁能延长资金融通的期限。（5）资本成本高。所以本题选项 A 正确。

7.【答案】A

【解析】本题考查股权筹资与债务筹资的对比。与股权筹资相比，债务筹资有固定的到期日，因此财务风险较大，但是资本成本较低，选项 A 正确、选项 B 错误。债务筹资不会稀释股东控制权，股权筹资有可能会稀释股东控制权，选项 C 错误。利用债务筹资，可以根据企业的经营情况和财务状况，灵活地商定债务条件，因此债务筹资的灵活性较大，选项 D 错误。

8.【答案】C

【解析】影响财务杠杆的因素包括：企业资本结构中的债务资金比重；普通股收益水平；所得税税率水平。其中，普通股收益水平又受息税前利润、固定性资本成本高低的影响。债务成本比重越高、固定的资本成本支付额越高、息税前利润水平越低，财务杠杆效应越大，反之则相反。因此，正确选项是 C。

9. 【答案】C

【解析】息税前利润对其各影响因素敏感系数的绝对值的大小，可以反映息税前利润对各影响因素敏感程度的高低，所以，选项 A 正确。息税前利润对单价的敏感系数为 3，表明当单价提高 10% 时，息税前利润将增长 30%，即息税前利润将增加 24 万元（80×30%），所以，选项 B 正确。息税前利润对单位变动成本的敏感系数为 −1.5，当公司由盈利转为不盈不亏时，即可知息税前利润的变动率为 −100%，则单位变动成本的变动率为 66.67%（−100%/−1.5），即当单位变动成本的上升幅度超过 66.67% 时，公司将转为亏损，所以，选项 C 错误。息税前利润对销售量的敏感系数即经营杠杆系数，所以，选项 D 正确。

10. 【答案】D

【解析】在风险分散化的过程中，不应当过分夸大投资多样性和增加投资项目的作用。在投资实践中，经常出现以下情况：在投资组合中，投资项目增加的初期，风险分散的效应比较明显，但增加到一定程度，风险分散的效应就会减弱。有经验数据显示，当投资组合中的资产数量达到 20 个左右时，绝大多数非系统风险均已被消除，此时，如果继续增加投资项目对分散风险已没有多大实际意义。

11. 【答案】B

【解析】私募股权投资基金有较大的投资收益波动性，较差的流动性与超长的投资周期，使得私募股权投资基金具有高风险、高期望收益的特征。

12. 【答案】C

【解析】设投产后每年现金净流量为 A 万元，则有：内含收益率 $= A \times (P/A, 15\%, 5) - 1\,000 = 0$，所以 $A = 298.31$ 万元，净现值 $= 298.31 \times (P/A, 8\%, 5) - 1\,000 = 191.06$（万元）。

13. 【答案】C

【解析】旧设备变现产生的现金净流量 $= 120 + (1\,000 - 800 - 120) \times 25\% = 140$（万元）。

14. 【答案】B

【解析】应收账款证券化筹资的特点有：拓宽企业融资渠道、降低融资成本、盘活存量资产、提高资产使用效率。

15. 【答案】A

【解析】来年预计利润 = 收入 − 变动成本 − 固定成本 $= 20 \times 50 - 20 \times 50 \times (1 - 40\%) - 300 = 100$（万元）；假设单价增长 10%，达到 55 元，单位变动成本不变还是 30 元，由于单价变动，所以不能用原来的边际贡献率来计算；预计利润 $= 20 \times 55 - 20 \times 30 - 300 = 200$（万元）；利润变动率 $= (200 - 100)/100 = 100\%$；单价的敏感系数 = 100%/

$10\% = 10$。

16.【答案】D

【解析】本题考查成本中心。可控成本是指成本中心可以控制的各种耗费，它应具备三个条件：（1）该成本的发生是成本中心可以预见的；（2）该成本是成本中心可以计量的；（3）该成本是成本中心可以调节和控制的（选项 D 当选）。

17.【答案】D

【解析】A 产品单价 = [80 + (600 000/2 000)] × (1 + 30%)/(1 - 5%) = 520（元），选项 D 正确。

18.【答案】C

【解析】无差别平衡点增值率 = 3%/13% = 23.08%。甲公司经销 M 商品的增值率 = (223 000 - 182 000)/223 000 = 18.39%，低于无差别平衡点增值率，则一般纳税人的税负轻于小规模纳税人的税负，甲公司适宜选择成为一般纳税人。

19.【答案】B

【解析】普通股股东权益 = 40 000 - 800 × 5 = 36 000（万元），市净率 = 15/[36 000/(5 000 + 3 000)] = 3.33，选项 B 正确。

【点拨】本题考查了市净率指标的计算。市净率 = 每股市价/每股净资产。市净率是站在普通股股东角度计算的市场评价指标，其中分母每股净资产是期末普通股股东权益，需要扣除期末优先股股东权益。

20.【答案】C

【解析】资产负债率 = 负债总额/资产总额，权益乘数 = 资产总额/所有者权益总额，产权比率 = 负债总额/所有者权益总额。所以，资产负债率×权益乘数 = （负债总额/资产总额）×（资产总额/所有者权益总额）= 负债总额/所有者权益总额 = 产权比率。选项 C 正确。

二、多项选择题

1.【答案】AB

【解析】偿债基金 = 年金终值×偿债基金系数 = 年金终值/年金终值系数，所以选项 A 正确；先付年金终值 = 普通年金终值×(1 + i) = 年金×[(F/A, i, n + 1) - 1]，所以选项 B 正确。选项 C 的计算与普通年金终值系数无关，永续年金不存在终值。永续年金的现值计算与普通年金终值系数没有关系，所以选项 C 错误。永续年金没有终值，所以选项 D 错误。

2.【答案】AD

【解析】相对于银行借款筹资，发行债券的利息负担和筹资费用都比较高，因此资本成本较高，选项 B 错误。发行债券和银行借款都会提高公司财务杠杆水平，选项 C 错误。

3.【答案】ACD

【解析】某期现金余缺 = 该期可运用现金合计 - 该期现金支出，而当期可运用现金合计 = 期初现金余额 + 当期现金收入，所以本题正确答案是选项 A、C、D。

4.【答案】ABC

【解析】零基预算法的优点如下：（1）以零为起点编制预算，不受历史期经济活动中的不合理因素影响，能够灵活应对内外环境的变化，预算编制更贴近预算期企业经济活动需要。（2）有助于增加预算编制透明度，有利于进行预算控制。零基预算法的缺点如下：（1）预算编制工作量较大、成本较高。（2）预算编制的准确性受企业管理水平和相关数据标准准确性影响较大。选项 D 属于增量预算法的特点。

5.【答案】BC

【解析】变动资金是指随产销量的变动而同比例变动的那部分资金。它一般包括直接构成产品实体的原材料、外购件等占用的资金。另外，在最低储备以外的现金、存货、应收账款等也具有变动资金的性质。选项 B、C 属于变动资金；不变资金是指在一定的产销量范围内，不受产销量变动的影响而保持固定不变的那部分资金。也就是说，产销量在一定范围内变动，这部分资金保持不变。这部分资金包括：为维持营业而占用的最低数额的现金，原材料的保险储备，必要的成品储备，厂房、机器设备等固定资产占用的资金。选项 A、D 属于不变资金，因此正确选项是 B、C。

6.【答案】ABD

【解析】选项 A、B、D 属于资本成本的作用。对筹资者而言，由于取得了资本使用权，必须支付一定代价，资本成本表现为取得资本使用权所付出的代价。所以选项 C 错误。

7.【答案】BD

【解析】两种证券收益率的相关系数为 1 时，不能抵销任何风险，选项 A 错误；当相关系数为 -1 时，该投资组合能最大限度地降低风险，选项 B 正确；只要相关系数不为 1，就可以在一定程度上分散风险，相关系数为 0 时，该投资组合能分散部分风险，选项 C 错误。通过投资组合可分散的风险为非系统风险，选项 D 正确。

8.【答案】AC

【解析】本题考查标准成本差异分析。变动制造费用效率差异属于用量差异，选项 A 正确。直接材料价格差异属于价格差异，选项 B 错误。直接人工效率差异属于用量差异，选项 C 正确。变动制造费用耗费差异属于价格差异，选项 D 错误。

9.【答案】ABCD

【解析】股票期权模式的优点是能够降低委托代理成本、有利于降低激励成本、可以锁定期权人的风险。缺点是影响现有股东的权益、可能遭遇来自股票市场的风险、可能带来经营者的短期行为。

10.【答案】ABD

【解析】由于不同行业、不同成长阶段、不同规模等的公司，其会计调整项和加权平均资本成本各不相同，故经济增加值的可比性较差，选项 C 表述错误。

三、判断题

1.【答案】×

【解析】复利终值系数 $= (1+i)^n$，利率 i 越大，$(1+i)^n$ 越大，所以复利终值系数随利率的变动而同向变动。

2.【答案】√

【解析】当两项资产的收益率完全正相关，非系统风险不能被分散，而系统风险是始终不能被分散的，所以该证券组合不能够分散风险。

3.【答案】√

【解析】年度预算要以销定产，然后根据生产的数量确定直接材料、直接人工及各种费用的消耗，因此销售预算是全面预算的出发点，也是经营预算编制的基础。

4.【答案】√

【解析】本题考查股票的发行方式。上网定价发行与上网竞价发行的不同之处主要有两点：一是发行价格的确定方式不同，即定价发行方式事先确定价格，而竞价发行方式是事先确定发行底价，由发行时竞价决定发行价；二是认购成功者的确认方式不同，即定价发行方式按抽签决定，竞价发行方式按价格优先、同等价位时间优先原则决定。本题所述正确。

5.【答案】√

【解析】现值指数法是净现值法的辅助方法，在各方案原始投资额相同时，实际上就是净现值法。对单个投资项目进行财务可行性评价是，净现值大于 0，现值指数大于 1，则项目可行；反之则不可行。

6.【答案】×

【解析】营运资金一般具有如下特点：营运资金的来源具有多样性；营运资金的数量具有波动性；营运资金的周转具有短期性；营运资金的实物形态具有变动性和易变现性。

7.【答案】×

【解析】作业成本法的优点有：（1）能够提供更加准确的各维度成本信息，有助于企业提高产品定价、作业与流程改进、客户服务等决策的准确性。（2）改善和强化成本控制，促进绩效管理的改进和完善。（3）推进作业基础预算，提高作业、流程、作业链（价值链）管理的能力。

8.【答案】√

【解析】采用固定或稳定增长的股利政策，要求公司对未来的盈利和支付能力作出准确的判断。固定或稳定增长的股利政策通常适用于经营比较稳定或正处于成长期的企业。

9.【答案】√

【解析】影响偿债能力的其他因素包括：（1）可动用的银行贷款指标或授信额度；（2）资产质量；（3）或有事项和承诺事项。

10.【答案】√

【解析】每股净资产显示了发行在外的每一普通股股份所能分配的企业账面净资产的价值。这里所说的账面净资产是指企业账面上的总资产减去负债后的余额，即股东权益总额。每股净资产指标反映了在会计期末每一股份在企业账面上到底值多少钱，它与股票面值、发行价格、每股市场价值乃至每股清算价值等往往有较大差距，是理论上股票的最低价值。

四、计算分析题

1. 【答案】

（1）甲公司股票的必要收益率 $=6\% +1.5\times（10\% -6\%）=12\%$

（2）甲公司股票的价值 $=0.6/12\% =5$（元/股）

甲公司股票的价值 5 元/股大于股票的市场价格 4.8 元/股，该股票值得购买。

（3）甲公司股票的内部收益率 $=0.6/4.8=12.5\%$

2. 【答案】

（1）联合单价 $=60\times2+90\times1+75\times2=360$（元）

（2）联合单位变动成本 $=40\times2+60\times1+50\times2=240$（元）

（3）联合盈亏平衡点的业务量 $=72\,000/（360-240）=600$（件）

（4）A 产品盈亏平衡点的业务量 $=600\times2=1\,200$（件）

（5）三种产品的综合边际贡献率 $=［2\,000\times（60-40）+1\,000\times（90-60）+2\,000\times（75-50）］/（2\,000\times60+1\,000\times90+2\,000\times75）=33.33\%$

3. 【答案】

（1）甲公司计划内 A 产品单位价格 = 单位成本 ×（1 + 成本利润率）/（1 - 消费税税率）$=（200+3\,000/120）\times（1+30\%）/（1-5\%）=307.89$（元/件）

（2）甲公司计划外 A 产品单位价格 = 单位变动成本 ×（1 + 成本利润率）/（1 - 消费税税率）$=200\times（1+30\%）/（1-5\%）=273.68$（元/件）

（3）因为额外订单单价为 300 元/件，高于其按变动成本计算的价格 273.68 元/件，故应接受这一计划外订单。

五、综合题

1. 【答案】

（1）普通股资本成本

$=4\% +2\times（10\% -4\%）$

$=16\%$

加权平均资本成本

$=6\,000/15\,000\times8\% \times（1-25\%）+9\,000/15\,000\times16\%$

$=12\%$

（2）①年折旧额 $=300/5=60$（万元）

②营业期每年的现金净流量

$=300\times（1-25\%）-80\times（1-25\%）+60\times25\%$

$=180$（万元）

③净现值

= $-300 + 180 \times (P/A, 12\%, 5) \times (P/F, 12\%, 1)$

= $-300 + 180 \times 3.6048 \times 0.8929$

= 279.37（万元）

（3）A 方案的年金净流量

= $279.37/(P/A, 12\%, 6)$

= 279.37/4.1114

= 67.95（万元）

B 方案的年金净流量

= $233.93/(P/A, 12\%, 3)$

= 233.93/2.4018

= 97.4（万元）

因为 B 方案的年金净流量大于 A 方案，因此应选择 B 方案。

（4）如发行普通股筹资，则需发行股票 = 200/2 = 100（万股）。

根据每股收益无差别点法：

$(EBIT - 6\,000 \times 8\% - 200 \times 9\%) \times (1 - 25\%)/4\,500 = (EBIT - 6\,000 \times 8\%) \times (1 - 25\%)/(4\,500 + 100)$

解得，$EBIT = 1\,308$ 万元

甲公司预计的年息税前利润 = 1 300 万元，小于每股收益无差别点，因此应选择股权筹资方法，增发股票筹资。

2.【答案】

（1）①长期银行借款资本成本 = 6% × (1 - 25%) = 4.5%

②债券资本成本 = 7% × (1 - 25%)/(1 - 3%) = 5.41%

③优先股资本成本 = 8%/(1 - 4%) = 8.33%

④留存收益资本成本 = 3% + 1.5 × (9% - 3%) = 12%

⑤加权平均资本成本 = 2 000/20 000 × 4.5% + 8 000/20 000 × 12% + 4 000/20 000

×5.41% + 6 000/20 000 × 8.33%

= 8.83%

⑥经济增加值 = 5 000 - 20 000 × 8.83% = 3 234（万元）

（2）①

应付账款折扣分析表

付款日	折扣率（%）	付款额（万元）	折扣额（万元）	放弃折扣的信用成本率（%）	银行借款利息（万元）	享受折扣的净收益（万元）
第 10 天	2	490	10	14.69	3.40	6.60
第 30 天	1	495	5	12.12	2.06	2.94
第 60 天	0	500	0	0	0	0

②应当选择在第 10 天付款。

理由：在第 10 天付款，净收益为 6.60 万元；在第 30 天付款，净收益为 2.94 万元；在第 60 天付款，净收益为 0，所以应当选择净收益最大的第 10 天付款。

（3）①加权平均法。

$$加权平均边际贡献率 = [12\,000 \times (100 - 60) + 8\,000 \times (200 - 140) + 4\,000 \times (250 - 140)]/(12\,000 \times 100 + 8\,000 \times 200 + 4\,000 \times 250)$$
$$= 36.84\%$$

综合盈亏平衡点的销售额 = 1 000 000/36.84% = 2 714 440.83（元）

营业收入合计 = 12 000 × 100 + 8 000 × 200 + 4 000 × 250 = 3 800 000（元）

A 产品盈亏平衡点的销售额 = 2 714 440.83 × 12 000 × 100/3 800 000 = 857 191.84（元）

B 产品盈亏平衡点的销售额 = 2 714 440.83 × 8 000 × 200/3 800 000 = 1 142 922.46（元）

C 产品盈亏平衡点的销售额 = 2 714 440.83 × 4 000 × 250/3 800 000 = 714 326.53（元）

A 产品盈亏平衡点的销售量 = 857 191.84/100 = 8 572（件）

B 产品盈亏平衡点的销售量 = 1 142 922.46/200 = 5 715（件）

C 产品盈亏平衡点的销售量 = 714 326.53/250 = 2 857（件）

②联合单位法。

产品销量比 = A : B : C = 12 000 : 8 000 : 4 000 = 3 : 2 : 1

联合单价 = 3 × 100 + 2 × 200 + 1 × 250 = 950（元）

联合单位变动成本 = 3 × 60 + 2 × 140 + 1 × 140 = 600（元）

联合保本量 = 1 000 000/(950 − 600) = 2 857（件）

A 产品盈亏平衡点的销售量 = 2 857 × 3 = 8 571（件）

B 产品盈亏平衡点的销售量 = 2 857 × 2 = 5 714（件）

C 产品盈亏平衡点的销售量 = 2 857 × 1 = 2 857（件）

A 产品盈亏平衡点的销售额 = 8 571 × 100 = 857 100（元）

B 产品盈亏平衡点的销售额 = 5 714 × 200 = 1 142 800（元）

C 产品盈亏平衡点的销售额 = 2 857 × 250 = 714 250（元）

③分算法。

A 产品边际贡献 = (100 − 60) × 12 000 = 480 000（元）

B 产品边际贡献 = (200 − 140) × 8 000 = 480 000（元）

C 产品边际贡献 = (250 − 140) × 4 000 = 440 000（元）

边际贡献总额 = 480 000 + 480 000 + 440 000 = 1 400 000（元）

分配给 A 产品的固定成本 = 480 000 × 1 000 000/1 400 000 = 342 857.14（元）

分配给 B 产品的固定成本 = 480 000 × 1 000 000/1 400 000 = 342 857.14（元）

分配给 C 产品的固定成本 = 440 000 × 1 000 000/1 400 000 = 314 285.72（元）

A 产品的盈亏平衡点的销售量 = 342 857. 14/（100 − 60）= 8 571（件）

A 产品的盈亏平衡点的销售额 = 8 571 × 100 = 857 100（元）

B 产品的盈亏平衡点的销售量 = 342 857. 14/（200 − 140）= 5 714（件）

B 产品的盈亏平衡点的销售额 = 5 714 × 200 = 1 142 800（元）

C 产品的盈亏平衡点的销售量 = 314 285. 72/（250 − 140）= 2 857（件）

C 产品的盈亏平衡点的销售额 = 2 857 × 250 = 714 250（元）

2025 年度中级会计资格
《财务管理》全真模拟试题（五）
答案速查、参考答案及解析

答案速查

一、单项选择题

1. B	2. A	3. D	4. B	5. B
6. C	7. D	8. C	9. B	10. D
11. C	12. D	13. A	14. D	15. C
16. D	17. A	18. B	19. D	20. B

二、多项选择题

1. ABC	2. BD	3. ABC	4. ABC	5. AC
6. CD	7. ABCD	8. ABC	9. ABC	10. AD

三、判断题

1. √	2. ×	3. ×	4. √	5. √
6. √	7. ×	8. √	9. ×	10. ×

参考答案及解析

一、单项选择题

1.【答案】B

【解析】公司制企业的优点：（1）容易转让所有权；（2）有限债务责任；（3）可以无限存续；（4）融资渠道较多，更容易筹集所需资金。公司制企业的缺点：（1）组建公司的成本高；（2）存在代理问题；（3）双重课税。

2.【答案】A

【解析】（1）求系数：$100 \times (F/P, i, 8) = 200$，$(F/P, i, 8) = 200/100 = 2$；（2）使用插值法：$(i - 9\%)/(10\% - 9\%) = (2 - 1.9926)/(2.1436 - 1.9926)$，$i \approx 9.05\%$。

3.【答案】D

【解析】风险对策包括风险规避、风险承担、风险转移、风险转换、风险对冲、风险补偿和风险控制七个对策。选项 A 属于风险转移对策，选项 B 属于风险对冲对策，选项 C 属于风险规避对策。

4.【答案】B

【解析】约束性固定成本是指管理当局的短期经营决策行动不能改变其数额的固定成本。例如，房屋租金、固定的设备折旧、管理人员的基本工资、车辆交强险等。选项 A、C、D 属于酌量性固定成本。

5.【答案】B

【解析】预计期末产成品存货量 = 下季度销售量×10%

预计期初产成品存货量 = 上季度期末产成品存货量

预计生产量 = 预计销售量 + 预计期末产成品存货量 − 预计期初产成品存货量

生产量 = 本期销售量 + 期末存货量 − 期初存货量 = 120 + 180×20% − 120×20% = 132（件）。

6.【答案】C

【解析】假设借入 x 万元，则 8 月份支付的利息 = $(100 + x) \times 1\%$，则 $x - 50 - (100 + x) \times 1\% \geqslant 10$，$x \geqslant 61.62$ 万元，x 为 1 万元的整数倍，可得 x 最小值为 62，即应向银行借款的最低金额为 62 万元。

7.【答案】D

【解析】例行性保护条款作为例行常规，在大多数借款合同中都会出现。主要包括：（1）定期向提供贷款的金融机构提交公司财务报表，以使债权人随时掌握公司的财务状况和经营成果。（2）保持存货储备量，不准在正常情况下出售较多的非产成品存货，以保持企业正常生产经营能力。（3）及时清偿债务，包括到期清偿应缴纳税金和其他债务，以防被罚款而造成不必要的现金流失。（4）不准以资产作其他承诺的担保或抵押。（5）不准贴现应收票据或出售应收账款，以避免或有负债等。选项 A、B、C 都属于例行性保护条款，选项 D 属于特殊性保护条款。

8.【答案】C

【解析】回售条款是指债券持有人有权按照事先约定的价格将债券卖回给发债公司的条件规定。回售对于投资者而言实际上是一种卖权，有利于降低投资者的持券风险，所以回售条款有利于保护可转换债券持有者的利益，选项 C 正确。在可转换债券中，并未设置免责条款（免责本质上也是为了免去发行方的责任，并未保护债券持有者的利益），选项 A 错误。赎回条款和强制性转换条款均有利于保护发债公司，选项 B、D 错误。

9.【答案】B

【解析】经营杠杆系数 = 基期边际贡献/基期息税前利润，财务杠杆系数 = 基期息税前利润/基期利润总额，固定利息费用影响的是利润总额，因此影响财务杠杆系数而不影响经营杠杆系数。

10.【答案】D

【解析】资本成本率 = 6/[30 × (1 - 3%)] + 5% = 25.62%，选项 D 正确。

11.【答案】C

【解析】包括建设期的投资回收期（PP）= 最后一项为负值的累计净现金流量对应的年数 + (最后一项为负值的累计净现金流量绝对值/下一年度净现金流量) = 3 + (50/250) = 3.2（年），所以本题正确答案为选项 C。

12.【答案】D

【解析】价格风险指由于市场利率上升，使证券价格普遍下降的风险。证券资产的期限越长，市场利率上升时其价格下跌越剧烈，价格风险越大。到期风险附加率是投资者承担市场利率上升导致证券价格下降的利率变动风险的一种补偿。期限越长的证券，要求的到期风险附加率越大。

13.【答案】A

【解析】再投资风险是由于市场利率下降所造成的无法通过再投资而实现预期收益的可能性。

14.【答案】D

【解析】由于公募基金涉及的投资者数量较多，因此受到更加严格的监管并要求更高的信息透明度。选项 D 说法错误。

15.【答案】C

【解析】衡量企业总风险的指标是总杠杆系数，总杠杆系数 = 经营杠杆系数 × 财务杠杆系数，在边际贡献大于固定成本的情况下，选项 A、B、D 均会降低经营杠杆系数，从而导致总杠杆系数降低，降低企业总风险；选项 C 提高资产负债率，导致债务比重增加，固定资本成本增加，会导致财务杠杆系数变大、总杠杆系数变大，从而提高企业总风险。

16.【答案】D

【解析】协商价格的上限是市场价格，下限则是单位变动成本。

17.【答案】A

【解析】来年预计利润 = 收入 – 变动成本 – 固定成本 = 20 × 50 – 20 × 50 ×（1 – 40%）– 300 = 100（万元）。假设单价增长10%，达到55元，单位变动成本不变还是30元，由于单价变动，所以不能用原来的边际贡献率来计算。预计利润 = 20 × 55 – 20 × 30 – 300 = 200（万元），利润变动率 =（200 – 100)/100 = 100%，单价的敏感系数 = 100%/10% = 10。

18.【答案】B

【解析】采用投资收益率为评价指标，可能会使部门经理追求局部利益最大化而损害整体利益最大化目标，选项D说法正确。而采用剩余收益作为评价指标，弥补了投资收益率指标会使局部利益与整体利益相冲突这一不足之处，选项A说法正确。剩余收益是一个绝对指标，故而难以在不同规模的投资中心之间进行业绩比较，选项C说法正确。计算剩余收益指标所使用的最低投资收益率，根据资本成本来确定，一般等于或大于资本成本，通常可以采用企业整体的最低期望投资收益率，也可以是企业为该投资中心单独规定的最低投资收益率，选项B说法错误。

19.【答案】D

【解析】代理理论认为股利的支付能够有效地降低代理成本。原因如下：（1）减少了管理者对自由现金流量的支配权，可以抑制公司管理者的过度投资或在职消费行为。(2) 支付较多的现金股利，导致公司进入资本市场寻求外部融资，便于通过资本市场的监督减少代理成本。但是较高的股利支付水平会导致外部融资成本上升。

20.【答案】B

【解析】发放10%的股票股利，并且按照市价计算股票股利价格，则从未分配利润项目划转出的资金为：10 × 25 = 250（万元），由于股票面值（1元）不变，股本应增加：100 × 10% × 1 = 10（万元），其余的240万元（250 – 10）应作为股票溢价转至资本公积。

二、多项选择题

1.【答案】ABC

【解析】系统风险又称市场风险或不可分散的风险，是影响所有资产的、不能通过资产组合而消除的风险，选项A、B、C正确；选项D是非系统风险。

2.【答案】BD

【解析】$\beta = 1$ 时，资产的必要收益率 = 无风险收益率 + β ×（市场平均收益率 – 无风险收益率）= 无风险收益率 + 1 ×（市场平均收益率 – 无风险收益率）= 市场平均收益率，选项B正确。β 系数也可以是负数或者0，不一定是正数，如果 β 系数为负数的话，市场风险溢酬提高，资产的必要收益率是降低的，选项A、C不正确。市场风险溢酬，反映的是市场作为整体对风险的平均"容忍"程度，如果市场对风险的平均容忍程度越高，则市场风险溢酬越小，选项D正确。

3.【答案】ABC

【解析】9 月应支付 = 20×10% +25×30% +30×60% =27.5（万元）

10 月初的应付账款 = 25×10% +30×（1 -60%）=14.5（万元）

10 月末的应付账款 = 30×10% +50×（1 -60%）=23（万元）

4.【答案】ABC

【解析】股权筹资的优点有：（1）股权筹资是企业稳定的资本基础。（2）股权筹资是企业良好的信誉基础。（3）股权筹资的财务风险较小。所以选项 A、B、C 正确。一般而言，股权筹资的资本成本要高于债务筹资。这主要是由于投资者投资于股权特别是投资于股票的风险较高，投资者或股东相应要求得到较高的收益率。从企业成本开支的角度来看，股利、红利从税后利润中支付，而使用债务资金的资本成本允许税前扣除。此外，普通股的发行、上市等方面的费用也十分庞大。所以选项 D 错误。

5.【答案】AC

【解析】只要企业生产经营，就存在经营风险，选项 B 错误。经营杠杆系数 = 边际贡献/息税前利润，选项 D 错误。

6.【答案】CD

【解析】在宽松的流动资产投资策略下，企业将保持较高的流动资产，增加流动资产投资会增加流动资产的持有成本，降低资产的收益性，但会提高资产的流动性，短缺成本会降低，偿债能力提高。

7.【答案】ABCD

【解析】基金投资是指基金投资者通过投资组合的方式进行投资，实现利益共享、风险共担。证券投资基金的特点有：（1）集合理财实现专业化管理；（2）通过组合投资实现分散风险的目的；（3）投资者利益共享且风险共担；（4）权力隔离的运作机制；（5）严格的监管制度。

8.【答案】ABC

【解析】本题考查的是应收账款保理的作用。应收账款保理对于企业而言，其财务管理作用主要体现在以下四个方面：（1）融资功能（选项 C 正确）；（2）减轻企业应收账款的管理负担（选项 A 正确）；（3）减少坏账损失、降低经营风险（选项 B 正确）；（4）改善企业的财务结构。应收账款保理不属于资产证券化，选项 D 错误。

9.【答案】ABC

【解析】原材料质量低劣，会造成生产中材料用量增加，同时也会造成生产效率降低，多耗用工时，所以引起直接材料成本的用量差异、直接人工成本的效率差异和变动制造费用的效率差异向不利方面扩大，但不影响固定制造费用的能量差异。

10.【答案】AD

【解析】价格运用策略中，使用产品寿命周期定价策略，在推广期应采用低价促销策略；成长期应采用中等价格促销策略；成熟期应采用高价促销策略，定价时必须考虑竞争者的情况，以保持现有市场销售量；衰退期应降价促销或维持现价并辅之以折扣等，同时积极开发新产品。

三、判断题

1.【答案】√

【解析】财务预算主要包括资金预算和预计财务报表，它是全面预算体系的最后环节，它是从价值方面总括地反映企业经营预算和专门决策预算的结果，所以也将其称为总预算。

2.【答案】×

【解析】总资产周转率指标用于衡量总资产赚取收入的能力，用以评价企业的营运能力。

3.【答案】×

【解析】例行性保护条款作为例行常规，在大多数借款合同中都会出现。主要包括：（1）要求定期向提供贷款的金融机构提交财务报表。（2）不准在正常情况下出售较多的非产成品存货，以保持企业正常生产经营能力。（3）如期清偿应缴纳的税金和其他到期债务，以防被罚款而造成不必要的现金流失。（4）不准以资产作其他承诺的担保或抵押。（5）不准贴现应收票据或出售应收账款，以避免或有负债等。

4.【答案】√

【解析】股权的筹资成本大于债务的筹资成本，主要是由于股利从税后净利润中支付，不能抵税，而债务资本的利息可在税前扣除，可以抵税；另外从投资人的风险来看，普通股的求偿权在债权之后，持有普通股的风险要大于持有债权的风险，股票持有人会要求有一定的风险补偿，所以股权资本的资本成本大于债务资本的资本成本。

5.【答案】√

【解析】权益乘数＝资产/所有者权益＝2，所有者权益＝资产/2＝50/2＝25（万元）
负债＝资产－所有者权益＝50－25＝25（万元）
利息＝负债×利息率＝25×8%＝2（万元）
税前利润＝净利润/（1－所得税税率）＝7.5/（1－25%）＝10（万元）
边际贡献＝税前利润＋利息费用＋固定成本＝10＋2＋8＝20（万元）
总杠杆系数＝边际贡献/税前利润＝20/10＝2

6.【答案】√

【解析】采用加速折旧法时，前若干年计提的折旧多，利润少，上缴的所得税少，所得税后的现金流量大，后若干年正好相反，但因前若干年的现金流量折现成的现值比较大，因此计算出来的净现值也比较大。

7.【答案】×

【解析】企业持有产成品存货除了为防止意外事件的发生外，还有其他目标，比如有利于销售；另外，为了维持均衡生产，降低产品成本，也需要持有产成品存货。

8.【答案】√

【解析】企业实行"收支两条线"管理模式的目的如下：（1）对企业范围内的现

金进行集中管理，减少现金持有成本，加速资金周转，提高资金使用效率。（2）以实施"收支两条线"为切入点，通过高效的价值化管理来提高企业效益。

9. 【答案】×

【解析】本题考查股票回购。由于信息不对称和预期差异，证券市场上的公司股票价格可能被低估，而过低的股价将会对公司产生负面影响。一般情况下，投资者会认为股票回购意味着公司认为其股票价值被低估而采取的应对措施。

10. 【答案】×

【解析】营业现金比率是指企业经营活动现金流量净额与企业营业收入的比值。其计算公式为：营业现金比率＝经营活动现金流量净额/销售收入。

四、计算分析题

1. 【答案】

（1）①间接人工费用预算工时分配率＝（213 048/48 420）×（1＋10%）＝4.84（元/小时）

②间接人工费用总预算额＝50 000×4.84＝242 000（元）

③设备租金总预算额＝194 000×（1－20%）＝155 200（元）

（2）设备租金是约束性固定成本，是必须支付的。生产准备费与车间管理费属于酌量性固定成本，发生额的大小取决于管理当局的决策行动，由于生产准备费的成本效益远高于车间管理费，根据成本效益分析原则，应该尽量减少车间管理费。

①确定车间管理费总预算额＝12 000 元

②计算生产准备费总预算额＝185 200－155 200－12 000＝18 000（元）

2. 【答案】

（1）全部成本费用加成定价法下，已知成本利润率时：

单位产品价格＝单位成本×（1＋成本利润率）/（1－适用税率）

单位甲产品的价格＝［100＋（50 000＋40 000）/10 000］×（1＋20%）/（1－5%）＝137.68（元）

（2）全部成本费用加成定价法下，已知销售利润率时：

单位产品价格＝单位成本/（1－销售利润率－适用税率）

单位乙产品的价格＝（80＋96 000/12 000）/（1－20%－5%）＝117.33（元）

（3）保本点定价法下：

单位产品价格＝（单位固定成本＋单位变动成本）/（1－适用税率）

单位丙产品的价格＝（70＋160 000/8 000）/（1－5%）＝94.74（元）

（4）目标利润定价法下：

单位产品价格＝（目标利润总额＋完全成本总额）/［产品销量×（1－适用税率）］

或＝（单位目标利润＋单位完全成本）/（1－适用税率）

单位丙产品的价格＝（240 000/8 000＋70＋160 000/8 000）/（1－5%）＝126.32（元）

（5）单位丙产品的价格 = 70 × （1 + 20%）/（1 - 5%）= 88.42（元）

C 利润中心在生产能力有剩余的情况下接受的额外订单，可以不负担企业的固定成本，只负担变动成本及目标利润即可，95 元大于变动成本定价法下的最低价格 88.42 元，该订单可以接受。

（6）A 利润中心的边际贡献 =（137.68 - 100）× 10 000 = 376 800（元）

A 利润中心的可控边际贡献 = 376 800 - 50 000 = 326 800（元）

A 利润中心的部门边际贡献 = 326 800 - 40 000 = 286 800（元）

考核 A 利润中心业绩的最佳指标是部门边际贡献。

3.【答案】

（1）2025 年末的流动比率 = 1 800/1 200 = 1.5

2025 年末的营运资金 = 1 800 - 1 200 = 600（万元）

（2）2025 年末的产权比率 = 3 000/（4 000 - 3 000）= 3

2025 年末的权益乘数 = 4 000/（4 000 - 3 000）= 4

（3）2025 年末的资产负债率 = 3 000/4 000 = 75%

2025 年末的资产负债率 75% 大于 65%，所以甲公司没有实现控制杠杆水平的目标。

五、综合题

1.【答案】

（1）该公司目前的企业价值 = 6 000 + 60 000 = 66 000（万元）

由于净利润全部发放股利，所以，现金股利 = 税后净利润 =（8 000 - 6 000 × 5%）×（1 - 25%）= 5 775（万元）

每股股利 = 5 775/5 000 = 1.155（元）

普通股资本成本 = 1.155/12 = 9.625%

按照资本资产定价模型：9.625% = 3% + β ×（8% - 3%）

则股票的 β 系数 = 1.325

债务的税后资本成本 = 5% ×（1 - 25%）= 3.75%

加权平均资本成本 = 3.75% ×（6 000/66 000）+ 9.625% ×（60 000/66 000）= 9.09%

（2）普通股资本成本 = 3% + 1.325 ×（1 + 3%）×（8% - 3%）= 9.82%

债务的税后资本成本 = 5.2% ×（1 - 25%）= 3.9%

权益资本价值 =（8 000 - 12 000 × 5.2%）×（1 - 25%）/9.82% = 56 334.01（万元）

企业价值 = 12 000 + 56 334.01 = 68 334.01（万元）

加权平均资本成本 = 3.9% ×（12 000/68 334.01）+ 9.82% ×（56 334.01/68 334.01）= 8.78%

（3）普通股资本成本 = 3% + 1.325 ×（1 + 5%）×（8% - 3%）= 9.96%

债务的税后资本成本 = 5.5% ×（1 - 25%）= 4.125%

权益资本价值 =（8 000 - 18 000 × 5.5%）×（1 - 25%）/9.96% = 52 786.14（万元）

企业价值 = 18 000 + 52 786.14 = 70 786.14（万元）

加权平均资本成本 = 4.125% × (18 000/70 786.14) + 9.96% × (52 786.14/70 786.14) = 8.48%

（4）甲公司应该采用第二种方案调整资本结构。因为在此资本结构下，加权平均资本成本最低，企业价值最大。

2.【答案】

（1）①第 0 年现金净流量 = −6 000 − 700 = −6 700（万元）

②折旧 = (6 000 − 1 200)/6 = 800（万元）

第 1 ~ 5 年每年的现金净流量 = (3 000 − 1 000) × (1 − 25%) + 800 × 25% = 1 700（万元）

③第 6 年现金净流量 = 1 700 + 700 + 1 200 = 3 600（万元）

④现值指数 = [1 700 × (P/A, 8%, 5) + 3 600 × (P/F, 8%, 6)]/6 700 = 1.35

（2）因为现值指数大于 1，所以甲公司应该购置该生产线。

（3）银行借款资本成本率 = 6% × (1 − 25%) = 4.5%

普通股资本成本率 = 0.48/6 + 3% = 11%

（4）($EBIT$ − 500 − 6 000 × 6%) × (1 − 25%)/3 000 = ($EBIT$ − 500) × (1 − 25%)/(3 000 + 1 000)

解得：每股收益无差别点 $EBIT$ = 1 940 万元

因为预计年息税前利润 2 200 万元大于每股收益无差别点 $EBIT$ 1 940 万元，所以甲公司应该选择方案一。

2025 年度中级会计资格
《财务管理》全真模拟试题（六）
答案速查、参考答案及解析

答案速查

一、单项选择题

1. A	2. D	3. A	4. A	5. A
6. C	7. A	8. C	9. D	10. B
11. C	12. A	13. A	14. C	15. B
16. A	17. C	18. D	19. A	20. C

二、多项选择题

1. ACD	2. ABCD	3. BC	4. ACD	5. AD
6. CD	7. ABD	8. BC	9. ABD	10. ABD

三、判断题

1. ×	2. ×	3. ×	4. √	5. √
6. ×	7. ×	8. √	9. ×	10. √

参考答案及解析

一、单项选择题

1. 【答案】A

【解析】 股东财富最大化目标的局限性有：（1）通常只适用于上市公司，上市公司难以应用；（2）股价不能完全准确反映企业财务管理状况；（3）强调更多的是股东权益，而对其他相关者的利益重视不够。

2. 【答案】D

【解析】 风险承担是指企业对所面临的风险采取接受的态度，从而承担风险带来的后果。对未能辨识出的风险，企业只能采用风险承担；对于辨识出的风险，企业可能由于缺乏能力进行主动管理、没有其他备选方案等因素而选择风险承担；对于企业面临的重大风险，企业一般不采用风险承担对策。

3. 【答案】A

【解析】 年利率为6%，季度利率 = 6%/4 = 1.5%，因为第二年年初开始付款，也就是第四季度末开始付款，所以递延期为3期。递延年金现值 = $A \times (P/A, i, n) \times (P/F, i, m)$ = $100 \times (P/A, 1.5\%, 4) \times (P/F, 1.5\%, 3)$，选项B正确，选项A错误。也可以先将连续支付的部分看作是预付年金，求现值到第四季度末，然后再复利折现计算递延年金现值，则递延年金现值 = $100 \times (P/A, 1.5\%, 4) \times (1 + 1.5\%) \times (P/F, 1.5\%, 4)$，选项C正确。递延年金现值 = $A \times [(P/A, i, m+n) - (P/A, i, m)]$ = $100 \times [(P/A, 1.5\%, 7) - (P/A, 1.5\%, 3)]$，选项D正确。

4. 【答案】A

【解析】 零基预算法，是指企业不以历史期经济活动及其预算为基础，以零为起点编制预算，不受历史期经济活动中的不合理因素影响，选项A说法错误。零基预算法适用于企业各项预算的编制，特别是不经常发生的预算项目或预算编制基础变化较大的预算项目，选项B说法正确。

零基预算法的优点表现在：一是以零为起点编制预算，不受历史期经济活动中的不合理因素影响，能够灵活应对内外环境的变化，预算编制更贴近预算期企业经济活动需要；二是有助于增加预算编制透明度，有利于进行预算控制，选项C说法正确。

零基预算法的缺点主要表现在：一是预算编制工作量较大、成本较高；二是预算编制的准确性受企业管理水平和相关数据标准准确性的影响较大，选项D说法正确。

5. 【答案】A

【解析】 第一季度采购量 = $1\,500 \times 5 + 7\,800 \times 10\% - 1\,000 = 7\,280$（千克）

第一季度采购金额 = $7\,280 \times 12 = 87\,360$（元）

第一季度材料现金支出金额 = $87\,360 \times 60\% + 20\,000 = 72\,416$（元）

6. 【答案】C

【解析】因为质押要转移对质押物的占管形态，转移给债权人对质押物进行保管。因此质押品不能是不动产。

7. 【答案】A

【解析】可转换债券给予了债券持有者未来的选择权，在事先约定的期限内，投资者可以选择将债券转换为普通股票，也可以放弃转换权利，持有至债券到期还本付息。由于可转换债券持有人具有在未来按一定的价格购买股票的权利，因此可转换债券实质上是一种未来的买入期权。选项 A 的说法正确。可转换债券的回售条款对于投资者而言实际上是一种卖权，有利于降低投资者的持券风险，选项 C 的说法错误。可转换债券的赎回条款最主要的功能是强制债券持有者积极行使转股权，选项 B 的说法错误。可转换债券的转换比率是债券面值与转换价格之比，选项 D 的说法错误。

8. 【答案】C

【解析】投资项目 A 的资本成本的计算：

（1）将 B 公司 $\beta_{权益}$ 转换为 $\beta_{资产}$：

$\beta_{资产} = 0.9 \div [1 + (1 - 25\%) \times 1/1] = 0.51$

（2）将 $\beta_{资产}$ 转换为项目 A 的 $\beta_{权益}$：

$\beta_{权益}$（项目 A）$= 0.51 \times [1 + (1 - 25\%) \times 0.3/0.7] = 0.67$

（3）根据 $\beta_{权益}$ 计算项目 A 的股东权益成本：

股东权益成本 $= 6\% + 0.67 \times (11\% - 6\%) = 9.35\%$

（4）计算项目 A 的资本成本：

项目 A 的资本成本 $= 6\% \times (1 - 25\%) \times 30/100 + 9.35\% \times 70/100 = 7.9\%$

9. 【答案】D

【解析】因为经营杠杆系数为 1.5，所以销售量增加 12%，息税前利润将增加 $12\% \times 1.5 = 18\%$，所以选项 A 正确；由于财务杠杆系数为 $3/1.5 = 2$，所以息税前利润增加 20%，每股利润将增加 $20\% \times 2 = 40\%$，所以选项 B 正确；由于总杠杆系数为 3，所以如果销售量增加 10%，每股收益将增加 $10\% \times 3 = 30\%$，所以选项 C 正确；由于总杠杆系数为 3，所以每股收益增加 30%，销售量增加 $30\%/3 = 10\%$，因此选项 D 不正确，所以应选选项 D。

10. 【答案】B

【解析】用资费用是指企业在资本使用过程中因占用资本而付出的代价，如向银行等债权人支付的利息，向股东支付的股利等。选项 B 正确。

11. 【答案】C

【解析】每股收益分析法和平均资本成本比较法都是从账面价值的角度进行资本结构优化分析，没有考虑市场反应，亦即没有考虑风险因素。公司价值分析法，是在考虑市场风险的基础上，以公司市场价值为标准，进行资本结构优化。

12. 【答案】A

【解析】放弃现金折扣的信用成本率 $= 2\%/(1 - 2\%) \times 360/(70 - 20) = 14.69\%$。

13.【答案】A

【解析】营业现金净流量 = （1 000 - 600）×（1 - 25%）+ 100 × 25% = 325（万元）。

14.【答案】C

【解析】1 000 × 10% ×（P/A，R，5）+ 1 000 ×（P/F，R，5）= 1 050

当 R = 8% 时，1 000 × 10% ×（P/A，8%，5）+ 1 000 ×（P/F，8%，5）= 1 079.87

当 R = 9% 时，1 000 × 10% ×（P/A，9%，5）+ 1 000 ×（P/F，9%，5）= 1 038.87

内插法：（R - 8%）/（9% - 8%）=（1 050 - 1 079.87）/（1 038.87 - 1 079.87）

等式两边同时乘以（9% - 8%），则：

R - 8% = （1 050 - 1 079.87）×（9% - 8%）/（1 038.87 - 1 079.87）

R = 8% + （1 050 - 1 079.87）×（9% - 8%）/（1 038.87 - 1 079.87）

R = 8.73%

【提示】本题不需要用内插法计算，直接根据给出的现值系数就可以知道答案介于 8% 和 9% 之间，答案为选项 C。

15.【答案】B

【解析】甲股票股利收益率 = D_1/P_0 = 0.75 ×（1 + 6%）/15 = 5.3%，乙股票股利收益率 = 0.55 ×（1 + 8%）/18 = 3.3%，选项 A 错误。甲股票内部收益率 = 5.3% + 6% = 11.3%，乙股票内部收益率 = 3.3% + 8% = 11.3%，选项 B 正确，选项 D 错误。对于固定成长股资本利得收益率等于股利增长率，所以选项 C 错误。

16.【答案】A

【解析】单位产品价格 = （400 000 + 360 000）/［80 000 ×（1 - 5%）］= 10（元）。

17.【答案】C

【解析】现金股利税负较高，出于避税考虑要少分股利；盈余波动大，需要留有余地，也要减少股利发放；固定资产在全部资产中所占比重较大，意味着资产流动性差，需要减少股利发放。

18.【答案】D

【解析】速动比率是用速动资产除以流动负债，在速动资产中，应收账款的变现能力具有一定的不确定性，所以应收账款的变现能力是影响速动比率可信性的最主要因素。

19.【答案】A

【解析】本题考查发展能力分析。本期应收账款周转率 = 本期营业收入/［（期初应收账款 + 期末应收账款）/2］，即：8 = 本期营业收入/［（120 + 180）/2］，本期营业收入 = 1 200 万元，本期的营业收入增长率 = （1 200 - 1 000）/1 000 = 20%，选项 A 正确。

20.【答案】C

【解析】权益乘数越高，表明负债比重越高，企业长期偿债能力越弱，债权人权益保障程度越低，所以选项 B、D 不正确；权益乘数高，是高风险、高收益的财务结构，财务杠杆效应强，所以选项 C 正确，选项 A 不正确。

二、多项选择题

1. 【答案】ACD

【解析】有效的资本市场下，资本市场证券的价格反映了所有的与之相关的好的、坏的、过去的、现在的、公开的、未公开的信息。投资者只能获得与投资风险相称的报酬，不能获得超额收益，选项A、D正确；公司的财务决策会影响未来的公司价值，故也会影响股价的波动，选项C正确。利用会计政策粉饰报表"提高"业绩无助于股价的提高，选项B错误。

2. 【答案】ABCD

【解析】股权筹资的优点有：（1）股权筹资是企业稳定的资本基础。（2）股权筹资是企业良好的信誉基础。（3）股权筹资的财务风险较小。股权筹资的缺点有：（1）资本成本较高。（2）控制权变更可能影响企业长期稳定发展。（3）信息沟通与披露成本较大。

3. 【答案】BC

【解析】平均资本成本比较法侧重于从资本投入的角度对筹资方案和资本结构进行优化分析，选项A错误；公司价值分析法是在考虑市场风险的基础上，以公司市场价值为标准，进行资本结构优化。即能够提升公司价值的资本结构，则是合理的资本结构。这种方法主要用于对现有资本结构进行调整，适用于资本规模较大的上市公司资本结构优化分析，选项B、C正确；根据每股收益无差别点，可以分析判断在什么样的息税前利润水平下适于采用何种资本结构，选项D错误。

4. 【答案】ACD

【解析】项目投资管理的特点：属于企业战略决策；属于企业的非程序化管理；投资价值的波动性大。

5. 【答案】AD

【解析】股票分割仅引起股票股数增加，股东权益总额不变，即资本结构不变，股本不变，而股票股利会引起股票股数增加，股本增加，但股东权益总额不变，即资本结构不变，所以选项A、D正确。

6. 【答案】CD

【解析】直接投资是将资金直接投放于形成生产经营能力的实体性资产，直接谋取经营利润的投资，选项C、D属于直接投资；间接投资是将资金投放于股票、债券等权益性资产上的投资，选项A、B属于间接投资。

7. 【答案】ABD

【解析】盈亏平衡点的销售额=固定成本总额/边际贡献率，所以当降低单位变动成本或变动成本率，边际贡献率变大，盈亏平衡点销售额减少，选项A、B正确，选项C不正确；当降低固定成本总额时，盈亏平衡点销售额减少，选项D正确。

8. 【答案】BC

【解析】代理理论认为，股利政策有助于减缓管理者与股东之间的代理冲突，即股利政策是协调股东与管理者之间代理关系的一种约束机制，所以选项 B 正确。高水平的股利政策降低了企业的代理成本，但同时也增加了外部融资成本，理想的股利政策应当使两者成本之和最小，所以选项 C 正确。本题中的选项 A 是信号传递理论的观点，选项 D 是"手中鸟"理论的观点。

9.【答案】ABD

【解析】选项 C 是反映短期偿债能力的指标。

10.【答案】ABD

【解析】稀释性潜在普通股指假设当期转换为普通股会减少每股收益的潜在普通股。潜在普通股主要包括：可转换公司债券、认股权证和股份期权等。

三、判断题

1.【答案】×

【解析】个人独资企业由一个自然人投资，是非法人企业，不具有法人资格。因此，本题说法是错误的。

2.【答案】×

【解析】工业工程法通常适用于投入成本与产出数量之间有规律性联系的成本分解，可以在没有历史成本数据的情况下使用。

3.【答案】×

【解析】在利润表预算的编制中，"销售成本"项目的数据来自产品成本预算。

4.【答案】√

【解析】在总杠杆系数（总风险）一定的情况下，经营杠杆系数与财务杠杆系数此消彼长。因此，经营杠杆水平较高的企业，应保持较低的负债水平，以降低财务杠杆水平，而对于经营杠杆水平较低的企业，则可以保持较高的负债水平，以充分利用财务杠杆效应。

5.【答案】√

【解析】甲项目的年金净流量 $=200/(P/A，10\%，5)=52.76$（万元），乙项目的年金净流量 $=253/(P/A，10\%，7)=51.97$（万元），该公司应选择甲项目。

6.【答案】×

【解析】两项资产之间的正相关程度越低，其投资组合可分散投资风险的效果就越大。

7.【答案】×

【解析】变动制造费用成本差异是指实际变动制造费用与实际产量下标准变动制造费用之间的差额。

8.【答案】√

【解析】股利无关理论认为，在一定的假设条件限制下，股利政策不会对公司的价值或股票的价格产生任何影响，投资者不关心公司股利的分配。公司市场价值的高低，是由公司所选择的投资决策的获利能力和风险组合所决定，而与公司的利润分配政策无关。

9.【答案】×

【解析】成本的可控与不可控与该责任中心所处管理层次的高低、管理权限及控制范围的大小有直接联系。

10.【答案】√

【解析】本题考查的是总资产增长率的定义，表述正确。总资产增长率是企业本年资产增长额同年初资产总额的比率，反映企业本期资产规模的增长情况。其计算公式为：

总资产增长率 = 本年资产增长额 ÷ 年初资产总额 × 100%

本年资产增长额 = 年末资产总额 − 年初资产总额

四、计算分析题

1.【答案】

（1）甲公司股票的必要收益率 = 5% + 2 × （10% − 5%） = 15%

（2）甲公司股票的价值 = 2 × （P/A，15%，3） + 2 × （1 + 10%）/（15% − 10%） × （P/F，15%，3） = 33.50（元/股）

（3）甲公司股票的价值 33.50 元/股大于股票当前的市场价格 32 元/股，甲公司股票值得投资。

2.【答案】

（1）单位边际贡献 = 60 − 24 = 36（元）

边际贡献率 = 36/60 × 100% = 60%

盈亏平衡点的销售量 = 72 000/（60 − 24） = 2 000（件）

安全边际率 = （10 000 − 2 000)/10 000 × 100% = 80%

（2）计划期单价 = 60 × （1 − 10%） = 54（元）

计划期单位边际贡献 = 54 − 24 = 30（元）

计划期销售量 = 10 000 × （1 + 20%） = 12 000（件）

计划期盈亏平衡点的销售量 = 72 000/30 = 2 400（件）

计划期盈亏平衡作业率 = 2 400/12 000 × 100% = 20%

3.【答案】

（1）2024 年投资方案所需的自有资金额 = 700 × 60% = 420（万元）

2024 年投资方案需从外部借入的资金额 = 700 × 40% = 280（万元）

（2）2023 年度应分配的现金股利 = 净利润 − 2024 年投资方案所需的自有资金额

= 900 − 420 = 480（万元）

（3）2023 年度应分配的现金股利 = 上年分配的现金股利 = 550 万元

可用于 2024 年投资的留存收益 = 900 − 550 = 350（万元）

2024 年投资需要额外筹集的资金额 = 700 − 350 = 350（万元）

（4）该公司的股利支付率 = 550/1 000 × 100% = 55%

2023 年度应分配的现金股利 = 55% × 900 = 495（万元）

（5）因为公司只能从内部筹资，所以 2024 年的投资需要从 2023 年的净利润中留存 700 万元，所以 2023 年度应分配的现金股利 = 900 - 700 = 200（万元）。

五、综合题

1.【答案】

（1）①销售收回的现金 = 12 月收入的 60% + 11 月收入的 38%

$$= 220 \times 60\% + 200 \times 38\% = 132 + 76 = 208 （万元）$$

②进货支付的现金 = 11 月的采购金额 = 11 月销售商品的 20% + 12 月销售商品的 80%

$$= （200 \times 75\%）\times 20\% + （220 \times 75\%）\times 80\% = 162 （万元）$$

③假设本月新借入的银行借款为 W 万元，则：

期末现金余额 = 22（期初余额）+ 208 - 162 - 60（购置固定资产）- 26.5（折旧外的管理费用）- 120 ×（1 + 10%）（本利和）+ $W \geq 5$

现金期末余额 = - 150.5 + $W \geq 5$

解得：$W \geq 155.5$ 万元。

由于借款金额是 1 万元的整数倍，因此本月新借入的银行借款为 156 万元。

（2）①现金期末余额 = 5 + 0.5 = 5.5（万元）

②应收账款期末余额 = 12 月收入的 38% = 220 × 38% = 83.6（万元）

③应付账款期末余额 = 12 月的采购金额

= 12 月销售商品的 20% + 2025 年 1 月销售商品的 80%

= （220 × 75%）× 20% + （230 × 75%）× 80% = 171（万元）

④12 月进货成本 = 12 月的采购金额 = 171 万元

12 月销货成本 = 220 × 75% = 165（万元）

存货期末余额 = 132（期初存货）+ 171 - 165 = 138（万元）

（3）税前利润 = 220 - 220 × 75% - （216/12 + 26.5）（折旧和其他管理费用）- 220 × 2%（坏账损失）-（120 + 156）× 10%/12（借款利息）= 3.8（万元）

2.【答案】

（1）边际贡献 = 10 000 ×（1 - 60%）= 4 000（万元）

息税前利润 = 4 000 - 2 000 = 2 000（万元）

经营杠杆系数 = 4 000/2 000 = 2

财务杠杆系数 = 2 000/［2 000 - 7 500 × 5% - 30 × 100 × 8%/（1 - 25%）］≈ 1.53

总杠杆系数 = 2 × 1.53 = 3.06

（2）假设方案一和方案二的每股收益无差别点的息税前利润为 $EBIT$，则：

［（$EBIT$ - 7 500 × 5% - 4 000 × 6%）×（1 - 25%）- 30 × 100 × 8%］/500 = ［（$EBIT$ - 7 500 × 5%）×（1 - 25%）- 30 × 100 × 8%］/（500 + 4 000/16）

解得：$EBIT$ = 1 415 万元

销售收入 ×（1 - 60%）- 2 000 - 500 = 1 415，则：销售收入 = 9 787.5 万元

预计销售收入 = 10 000 + 3 000 = 13 000（万元），大于每股收益无差别点的销售收

入，所以选择方案一进行筹资。

（3）边际贡献 = 13 000 × （1 − 60%） = 5 200（万元）

息税前利润 = 5 200 − 2 000 − 500 = 2 700（万元）

经营杠杆系数 = 5 200/2 700 ≈ 1.93

财务杠杆系数 = 2 700/[2 700 − 7 500 × 5% − 4 000 × 6% − 30 × 100 × 8%/（1 − 25%）] ≈ 1.53

总杠杆系数 = 1.93 × 1.53 ≈ 2.95

2025 年度中级会计资格
《财务管理》全真模拟试题（七）
答案速查、参考答案及解析

答案速查

一、单项选择题

1. A	2. D	3. C	4. D	5. C
6. B	7. D	8. A	9. B	10. D
11. A	12. B	13. C	14. C	15. B
16. B	17. B	18. C	19. D	20. C

二、多项选择题

1. ABCD	2. AB	3. ACD	4. ACD	5. ABC
6. ACD	7. ABCD	8. ABC	9. ACD	10. AD

三、判断题

1. ×	2. ×	3. ×	4. √	5. ×
6. ×	7. ×	8. ×	9. ×	10. √

参考答案及解析

一、单项选择题

1. 【答案】A

【解析】财务决策是指按照财务战略目标的总体要求，利用专门的方法对各种备选方案进行比较和分析，从中选出最佳方案的过程。

2. 【答案】D

【解析】由于利润指标通常按年计算，企业决策也往往会服务于年度指标的完成或实现，所以利润最大化的缺点之一是可能会导致企业的短期财务决策倾向，影响企业长远发展。

3. 【答案】C

【解析】本题考核的知识点是证券资产组合的预期收益率。该投资组合的期望收益率 = A 股票期望收益率 × A 股票权重 + B 股票期望收益率 × B 股票权重 = 10% × 40% + 15% × 60% = 13%。

4. 【答案】D

【解析】本题相当于已知现值求年金，$A × (P/A, 8\%, 10) = 100$，$A = 100/(P/A, 8\%, 10)$。

5. 【答案】C

【解析】7 月初材料存量 = 600 × 15% = 90（吨），7 月末材料存量 = 700 × 15% = 105（吨），7 月预计材料采购量 = 600 + 105 − 90 = 615（吨），选项 C 正确。

6. 【答案】B

【解析】支付性筹资动机，是指为了满足经营业务活动的正常波动所形成的支付需要而产生的筹资动机。在企业开展经营活动过程中，经常会出现超出维持正常经营活动资金需求的季节性、临时性的交易支付需要，如原材料购买的大额支付、员工工资的集中发放、银行借款的偿还、股东股利的发放等，因此本题选项 B 正确。

7. 【答案】D

【解析】本题考查的知识点是股权筹资。相对于吸收直接投资，发行股票筹资更易于进行产权交易，同时有利于提升公司的声誉，选项 A、C 不当选。相对于股票筹资方式来说，吸收直接投资的资本成本较高；从筹资费用的角度来说，相较于股票筹资，吸收直接投资的手续相对比较简便，筹资费用较低。选项 B 不当选、选项 D 当选。

8. 【答案】A

【解析】根据优序融资理论，企业的筹资优序模式首先是内部筹资，其次是银行借款、发行债券、可转换债券，最后是发行新股筹资。

9. 【答案】B

【解析】财务杠杆系数 = 基期息税前利润/基期利润总额 = 1 000/（1 000 - 400）= 1.67。

10. 【答案】D

【解析】间接投资，是将资金投放于股票、债券等权益性资产上的企业投资。

11. 【答案】A

【解析】现金比率是短期偿债能力分析指标，最能反映企业直接偿付流动负债的能力。

12. 【答案】B

【解析】基金投资是指基金投资者通过投资组合的方式进行投资，实现利益共享、风险共担。参与基金运作的基金管理人和基金托管人仅按照约定的比例收取管理费用和托管费用，无权参与基金收益的分配，不承担基金投资的风险。选项 B 说法错误。

13. 【答案】C

【解析】单位变动成本 = 5 + 1 = 6（元）；变动成本率 = 单位变动成本/单价；单价 = 6/40% = 15（元）；销售量 = 84 000/（5 + 1）= 14 000（件）；（15 - 6）× 14 000 - 固定成本 = 18 000（元）；所以固定成本 = 108 000 元；盈亏平衡点的销售量 = 108 000/（15 - 6）= 12 000（件）。

14. 【答案】C

【解析】成本动因是指诱导成本发生的原因，是成本对象与其直接关联的作业和最终关联的资源之间的中介，选项 B、D 说法正确；在作业成本法下，成本动因是成本分配的依据，选项 A 说法正确；成本动因可以分为资源动因和作业动因，选项 C 说法错误。

15. 【答案】B

【解析】本题考查直接材料成本差异分析。直接材料的实际用量偏离标准用量时，会形成直接材料的耗用量差异，产品废品率的高低、产品设计结构的变化以及工人的技术熟练程度，均会影响直接材料的实际用量，选项 A、C、D 不当选。直接材料运输方式的不同，不会影响生产中的耗用量，但会影响材料的成本，属于直接材料价格差异的形成原因，选项 B 当选。

16. 【答案】B

【解析】销售预测的定量分析法一般包括趋势预测分析法和因果预测分析法两大类。其中，专家判断法包括个别专家意见汇集法、专家小组法、德尔菲法。

定性分析法	定量分析法
（1）营销员判断法； （2）专家判断法（个别专家意见汇集法、专家小组法和德尔菲法）； （3）产品寿命周期分析法	（1）趋势预测分析法（算术平均法、加权平均法、移动平均法、指数平滑法）； （2）因果预测分析法

选项 A、B、C 都是销售预测的定性分析法。

17.【答案】B

【解析】关于企业定价目标的正确表述是：（1）实现利润最大化，适用于在市场中处于领先或垄断地位的企业，或者在行业竞争中具有很强的竞争优势，并能长时间保持这种优势的企业。（2）保持或提高市场占有率，这种定价目标要求企业具有潜在的生产经营能力，总成本的增长速度低于总销量的增长速度，商品的需求价格弹性较大。即适用于能够薄利多销的企业。（3）稳定价格，这种定价通常适用于产品标准化的行业。（4）应付和避免竞争，这种定价方法主要适用于中小型企业。（5）树立企业形象及产品品牌。

18.【答案】C

【解析】选项 A 是根据预算期的时间特征不同进行的分类。选项 B 是按预算出发点的特征不同进行的分类。选项 C 是按业务量基础的数量特征不同进行的分类。没有选项 D 这种分类。

19.【答案】D

【解析】本题主要考查速动比率。企业目前的速动比率大于1，根据公式，速动比率＝速动资产/流动负债，以银行存款偿还长期借款，速动资产与长期负债同时减少，流动负债不变，速动比率降低，选项 A 错误。以银行存款购买原材料，速动资产减少，非速动资产增加，流动负债不变，速动比率降低，选项 B 错误。收回应收账款，银行存款增加，应收账款减少，速动比率不变，选项 C 错误。以银行存款偿还短期借款，速动资产减少，流动负债减少，速动比率提高，选项 D 正确。

20.【答案】C

【解析】普通股数＝500/（4 − 2）＝250（万股）；所有者权益＝250 × 30 ＝7 500（万元）；资产负债率＝5 000/（5 000 ＋ 7 500）× 100% ＝5 000/12 500 × 100% ＝40%。

二、多项选择题

1.【答案】ABCD

【解析】各种财务管理目标，都以股东财富最大化为基础。以企业价值最大化作为财务管理目标，具有以下优点：（1）考虑了取得收益的时间，并用时间价值的原理进行了计量。（2）考虑了风险与收益的关系。（3）将企业长期、稳定的发展和持续的获利能力放在首位，能克服企业在追求利润上的短期行为，因为不仅目前利润会影响企业的价值，预期未来的利润对企业价值增加也会产生重大影响。（4）用价值代替价格，避免了过多外界市场因素的干扰，有效地规避了企业的短期行为。

2.【答案】AB

【解析】投资组合的预期收益率＝10% × 40% ＋ 8% × 60% ＝8.8%，投资组合的 β 系数＝1.2 × 40% ＋ 0.8 × 60% ＝0.96。因为题中没有给出相关系数，所以无法计算投资组合标准差，进而也不能计算标准差率。

3.【答案】ACD

【解析】本题考查的知识点是筹资的分类。债务筹资方式包括银行借款、发行债券、租赁、商业信用等筹资方式，选项 A、C、D 正确。留存收益筹资属于股权筹资，选项 B 错误。

4.【答案】ACD

【解析】股票上市交易便于确定公司价值。股票上市后，公司股价有市价可循，便于确定公司的价值。对于上市公司来说，即时的股票交易行情，就是对公司价值的市场评价。同时，市场行情也能够为公司收购兼并等资本运作提供询价基础。因此，选项 B 的表述不正确。但股票上市也有对公司不利影响的一面，主要有：上市成本较高，手续复杂严格；公司将负担较高的信息披露成本；信息公开的要求可能会暴露公司商业机密；股价有时会歪曲公司的实际情况，影响公司声誉；可能会分散公司的控制权，造成管理上的困难。因此选项 A、C、D 正确。

5.【答案】ABC

【解析】本题注意同向变化、反向变化与正比、反比的区别。固定成长股票价值 = 预计下年股利/（必要报酬率 − 股利增长率），可见预期股利和股利增长率越大，股票价值越大；必要报酬率越大，股票价值越小。因此，选项 A、B、C 正确。

6.【答案】ACD

【解析】计算动态回收期时只考虑了未来现金净流量现值总和中等于原始投资额现值的部分，没有考虑超过原始投资额现值的部分。因此选项 B 错误，其他选项都考虑了项目寿命期内全部现金流量。

7.【答案】ABCD

【解析】本题考查盈亏平衡分析。综合盈亏平衡点销售额 = 固定成本总额/综合边际贡献率，综合边际贡献率等于各种产品边际贡献率的加权平均，边际贡献率 =（单价 − 单位变动成本）/单价。所以，固定成本总额、单价、单位变动成本都会影响综合盈亏平衡点的大小，选项 A、C、D 正确。另外，综合边际贡献率计算中要用到的权数受到销售结构的影响，选项 B 正确。

8.【答案】ABC

【解析】利润 =（单价 − 单位变动成本）× 销量 − 固定成本 =（8.5 − 5）× 1 100 − 2 800 = 1 050（元），选项 D 不符合题意。

9.【答案】ACD

【解析】对公司来讲，股票股利的优点主要有：（1）发放股票股利不需要向股东支付现金，在再投资机会较多的情况下，公司就可以为再投资提供成本较低的资金，从而有利于公司的发展，选项 A 正确；（2）发放股票股利可以降低公司股票的市场价格，既有利于促进股票的交易和流通，又有利于吸引更多的投资者成为公司股东，进而使股权更为分散，有效地防止公司被恶意控制，选项 B 错误，选项 D 正确；（3）股票股利的发放可以传递公司未来发展前景良好的信息，从而增强投资者的信心，在一定程度上稳定股票价格，选项 C 正确。

10.【答案】AD

【解析】营运资本需求等于增加的流动资产与增加的流动负债的差额，加速应收账款周转会减少应收账款，减少营运资本需求；加速存货周转会减少存货，减少营运资本需求；加速应付账款的偿还，会减少应付账款，增加营运资本需求；加速固定资产周转，会减少固定资产，不影响营运资本需求。所以选项 A、D 正确。

三、判断题

1.【答案】×
【解析】直接转移是需要资金的企业或其他资金不足者直接将股票或债券出售给资金剩余者。

2.【答案】×
【解析】混合滚动是指在预算编制过程中，对预算的头三个月（即第一季度）逐月编制详细预算，其余月份（即后三个季度）分别按季度编制粗略预算。

3.【答案】×
【解析】本题考查债务筹资与股权筹资的对比。投资者投资于股票的风险较高，所以相应要求的报酬率也较高，同时由于支付债务的利息还可以抵税，所以普通股资本成本会高于债务资本成本。本题表述错误。

4.【答案】√
【解析】直接筹资是企业直接与资金供应者协商融通资金的筹资活动。直接筹资方式主要有发行股票、发行债券、吸收直接投资等。

5.【答案】×
【解析】所谓最佳资本结构，是指在一定条件下使企业资本成本率最低、企业价值最大的资本结构。

6.【答案】×
【解析】这部分在生产过程中游离出来的资金属于暂时闲置资金，将其进行短期债券投资，符合利用闲置资金、增加企业收益的目的。

7.【答案】×
【解析】成本中心应用最为广泛，只要对成本的发生负有责任的单位或个人都可以成为成本中心。

8.【答案】×
【解析】变动制造费用成本差异指的是实际变动制造费用与实际产量下的标准变动制造费用之间的差额。

9.【答案】×
【解析】在除息日前，股利权从属于股票，从除息日开始，股利权与股票相分离。

10.【答案】√
【解析】认股权证行权价格低于当期普通股平均市场价格时，应当考虑其稀释性。

四、计算分析题

1. 【答案】

（1）甲公司股票的必要收益率 $=5\% +2\times(10\% -5\%)=15\%$

（2）甲公司股票的价值 $=2\times(P/A, 15\%, 3)+2\times(1+10\%)/(15\% -10\%)\times(P/F, 15\%, 3)=33.50$（元/股）

（3）甲公司股票的价值 33.50 元/股大于股票当前的市场价格 32 元/股，甲公司股票值得投资。

2. 【答案】

（1）原政策应收账款机会成本 $=3\ 000/360\times30\times50\% \times10\% =12.5$（万元）

公司采用新信用政策应收账款机会成本 $=3\ 600/360\times36\times50\% \times10\% =18$（万元），则增加应收账款机会成本 $=18-12.5=5.5$（万元）

（2）公司采用新信用政策而增加的坏账损失 $=3\ 600\times0.3\% -3\ 000\times0.2\% =4.8$（万元），公司采用新信用政策而增加的现金折扣成本 $=3\ 600\times0.5\% =18$（万元）

（3）公司采用新信用政策而增加的边际贡献 $=(3\ 600-3\ 000)\times(1-50\%)=300$（万元）

（4）新信用政策增加的损益 $=300-5.5-4.8-18=271.7$（万元），因为新信用政策增加的损益大于 0，所以改变信用政策合理。

3. 【答案】

立即付款的现金折扣率 $=(10\ 000-9\ 630)/10\ 000=3.7\%$

第 20 天付款现金折扣率 $=(10\ 000-9\ 750)/10\ 000=2.5\%$

第 40 天付款现金折扣率 $=(10\ 000-9\ 870)/10\ 000=1.3\%$

立即付款的放弃现金折扣的成本 $=[3.7\% /(1-3.7\%)]\times[360/(60-0)]=23.05\%$

第 20 天付款放弃现金折扣的成本 $=[2.5\% /(1-2.5\%)]\times[360/(60-20)]=23.08\%$

第 40 天付款放弃现金折扣的成本 $=[1.3\% /(1-1.3\%)]\times[360/(60-40)]=23.71\%$

因为放弃现金折扣的成本大于银行短期贷款的利率，所以应选择享受折扣，并且应选择折扣收益最大的方案，所以应选择第 40 天付款，付款价格为 9 870 元。

由于各种方案放弃折扣的信用成本率均高于借款利息率，因此初步结论是要取得现金折扣，应借入银行借款以偿还货款。

立即付款方案，得折扣 370 元，用资 9 630 元，借款 60 天，利息 369.15 元（9 630×23% ×60/360），净收益 0.85 元（370-369.15）；

20 天付款方案，得折扣 250 元，用资 9 750 元，借款 40 天，利息 249.17 元（9 750×23% ×40/360），净收益 0.83 元（250-249.17）；

40 天付款方案，得折扣 130 元，用资 9 870 元，借款 20 天，利息 126.12 元（9 870×

23%×20/360)，净收益 3.88 元（130 - 126.12）；

总结论：第 40 天付款是最佳方案，其净收益最大。

五、综合题

1.【答案】

（1）10 月丙产品的预计生产量 = 2 300 + 2 600×10% - 200 = 2 360（件）

（2）丙产品的单位直接材料标准成本 = 6×5 + 10×3 + 5×8 = 100（元/件）

（3）10 月的直接人工预算金额 = 2 360×5×25 = 295 000（元）

（4）①直接人工成本差异 = 235 000 - 2 500×5×25 = -77 500（元）

②直接人工效率差异 = （12 000 - 2 500×5）×25 = -12 500（元）

③直接人工工资率差异 = [（235 000/12 000） - 25]×12 000 = -65 000（元）

（5）10 月制造费用预算总额 = 2 360×30 + 37 760 = 108 560（元）

（6）丙产品的单位标准成本 = 100 + 5×25 + 30 + （37 760/2 360）= 271（元）

（7）11 月的预计现金收入 = 2 600×350×30% + 2 300×350×70% = 836 500（元）

（8）11 月的预计现金余缺 = 80 600 + 836 500 - 900 000 = 17 100（元）

需要筹集资金 = 80 000 - 17 100 = 62 900（元），因为借款必须是 1 000 元的倍数，因此需要向银行借款 63 000 元。

2.【答案】

（1）2025 年末营运资金数额 = 1 000 + 5 000 + 2 000 - 2 100 - 3 100 = 2 800（万元）

（2）①营业毛利率 = （30 000 - 18 000）/30 000×100% = 40%

②总资产周转率 = 30 000/20 000 = 1.5（次）

③净资产收益率 = 4 500/10 000×100% = 45%

（3）①存货周转天数 = 360/（营业成本 18 000/2 000）= 40（天）

②应付账款周转天数 = 360/（购货成本 9 450/2 100）= 80（天）

③应收账款周转天数 = 360/（营业收入 30 000/5 000）= 60（天）

④现金周转天数 = 40 + 60 - 80 = 20（天）

（4）公司采用的是保守型融资策略。

因为波动性流动资产 = 1 000 + 5 000 + 2 000 - 2 500 = 5 500（万元）

短期来源为 3 100 万元，即波动性流动资产大于短期来源。

（5）收缩信用政策对税前利润的影响额 = -6 000×（1 - 70%）+ 500 + 200 = -1 100（万元），因为收缩信用政策后会导致税前利润减少，所以不应该收缩信用政策。

2025 年度中级会计资格
《财务管理》全真模拟试题（八）
答案速查、参考答案及解析

答案速查

一、单项选择题

1. D	2. C	3. C	4. D	5. A
6. C	7. B	8. D	9. C	10. D
11. C	12. A	13. C	14. C	15. C
16. D	17. B	18. D	19. B	20. A

二、多项选择题

1. ACD	2. ACD	3. BD	4. ABCD	5. BCD
6. ACD	7. BCD	8. ACD	9. AC	10. BD

三、判断题

1. ×	2. √	3. ×	4. √	5. √
6. ×	7. √	8. ×	9. ×	10. ×

参考答案及解析

一、单项选择题

1.【答案】D

【解析】通货膨胀对企业财务活动的影响主要表现在：（1）引起资金占用的大量增加，从而增加企业的资金需求（选项A正确）；（2）引起企业利润虚增，造成企业资金由于利润分配而流失（选项B正确）；（3）引起利率上升，加大企业筹资成本（选项C正确）；（4）引起有价证券价格下降，增加企业的筹资难度（选项D错误）；（5）引起资金供应紧张，增加企业的筹资困难。因此本题选择选项D。

2.【答案】C

【解析】必要收益率＝无风险收益率＋风险收益率＝纯粹利率（资金时间价值）＋通货膨胀补偿率＋风险收益率＝5%＋2%＋4%＝11%。

3.【答案】C

【解析】变动成本是指在特定的业务量范围内，其总额会随业务量的变动而呈正比例变动的成本。如直接材料、直接人工、按销售量支付的推销员佣金、装运费、包装费等。

4.【答案】D

【解析】增量预算法，是指以历史期经济活动及其预算为基础，结合预算期经济活动及其相关影响因素的变动情况，通过调整历史期经济活动项目及金额形成预算的预算编制方法。

5.【答案】A

【解析】本期预计材料采购量＝本期生产需用量＋本期期末材料存量－本期期初材料存量，所以上期生产需用量与本期预计材料采购量的计算无关，因此选项A正确。

6.【答案】C

【解析】材料采购数量＝350＋2 120－456＝2 014（千克），材料采购金额＝2 014×10＝20 140（元），付现金额＝20 140×50%＝10 070（元），年末应付账款＝20 140－10 070＝10 070（元）。

7.【答案】B

【解析】保证贷款是指以第三方作为保证人承诺在借款人不能偿还借款时，按约定承担一定保证责任或连带责任而取得的贷款。

8.【答案】D

【解析】在资金缺乏的情况下，租赁能迅速获得所需资产。大型企业的大型设备、工具等固定资产，也经常通过租赁方式解决巨额资金的需要，如商业航空公司的飞机，大多是通过租赁取得的，选项D正确。

9.【答案】C

【解析】账面价值权数不适合评价现时的资本结构合理性，选项 A 错误。目标价值权数的确定，可以选择未来的市场价值或未来的账面价值，而不能选择历史的账面价值，选项 B 错误。市场价值权数能够反映现时的资本成本水平，选项 D 错误。

10.【答案】D

【解析】销售百分比法下，外部融资需求量 = 资金需求增加额 − 预测期利润留存额，选项 D 正确。

11.【答案】C

【解析】按投资活动对企业未来生产经营前景的影响划分，可以将投资分为发展性投资和维持性投资。

12.【答案】A

【解析】动态回收期是未来现金净流量的现值等于原始投资额现值时所经历的时间，本题中动态回收期短于项目的寿命期，所以项目未来现金净流量现值大于项目原始投资额现值，净现值 = 未来现金净流量现值 − 原始投资额现值，结果大于 0。

13.【答案】C

【解析】现金流量是一个增量的概念，在投资决策中是指一个项目引起的企业现金流出和现金流入增加的数量。这里的现金是广义的现金，不仅包括各种货币资金，而且还包括企业拥有的非货币资源的变现价值（或重置成本）。

14.【答案】C

【解析】债券价值与市场利率是反向变动的。市场利率下降，债券价值上升；市场利率上升，债券价值下降。

15.【答案】C

【解析】非系统风险可以通过证券资产持有的多样化来抵消，组合中包括的证券资产越多，风险分散越充分，当组合中证券资产种类足够多时，几乎能把所有的非系统风险分散掉，但非系统风险对不同的投资者来说影响程度是不同的。

16.【答案】D

【解析】本题考查本量利分析。本量利分析主要假设条件包括：（1）总成本由固定成本和变动成本两部分组成（选项 D 说法错误）；（2）销售收入与业务量呈完全线性关系（选项 C）；（3）产销平衡（选项 A）；（4）产品产销结构稳定（选项 B）。

17.【答案】B

【解析】本题考查股利理论。信号传递理论认为，在信息不对称的情况下，公司可以通过股利政策向市场传递有关公司未来获利能力的信息，从而会影响公司的股价。此题所述观点认为公司通过股利政策向投资者传递了“公司有充足的财务实力和良好的发展前景”的信息，从而影响公司股价，属于信号传递理论的观点，选项 B 正确。

18.【答案】D

【解析】因果预测分析法是指分析影响产品销售量（因变量）的相关因素（自变量）以及它们之间的函数关系，并利用这种函数关系进行产品销售预测的方法。因果预测分析法最常用的是回归分析法，也就是回归直线法。

19.【答案】B

【解析】每股净资产 = 期末普通股净资产/期末发行在外的普通股股数，期末普通股净资产 = 每股净资产 × 期末发行在外的普通股股数 = 30 × 250 = 7 500（万元），由于没有期末优先股股东权益，所以期末普通股净资产 = 股东权益总额 = 7 500 万元。资产总额 = 7 500 + 5 000 = 12 500（万元），总资产净利率 = （净利润/平均总资产）× 100% = 500/12 500 × 100% = 4%，选项 B 正确。

20.【答案】A

【解析】市净率 = 每股市价/每股净资产 = 20/（500/100）= 4。

二、多项选择题

1.【答案】ACD

【解析】本题考核经济周期相关知识。在企业经济繁荣期应增加劳动力，所以选项 B 错误。

2.【答案】ACD

【解析】普通股股东拥有的权利包括公司管理权、收益分享权、股份转让权、优先认股权和剩余财产要求权。选项 B 属于优先股股东拥有的权利。

3.【答案】BD

【解析】经营杠杆，是指由于固定性经营成本的存在，而使得企业的资产收益（息税前利润）变动率大于业务量变动率的现象，因此产销量的增长将引起息税前利润更大幅度的增长，选项 A 错误。财务杠杆，是指由于固定性资本成本的存在，而使得企业的普通股收益（或每股收益）变动率大于息税前利润变动率的现象，因此息税前利润的下降将引起每股收益更大幅度的下降，选项 B 正确。财务杠杆反映了权益资本收益的波动性，财务杠杆系数越大，普通股收益的变动率越大于息税前利润的变动率，若息税前利润上升，会引起普通股收益更大幅度的上升，若息税前利润下降，会引起普通股收益更大幅度的下降，所以不一定表明公司盈利能力下降，选项 C 错误。财务杠杆系数变大，财务风险增加，选项 D 正确。

4.【答案】ABCD

【解析】现金支出管理中，尽可能推迟现金的支出，主要方法包括使用现金浮游量、推迟应付款的支付、汇票代替支票、改进员工工资支付模式、透支、争取现金流出与现金流入同步和使用零余额账户。

5.【答案】BCD

【解析】当股价分别为 100 元和 105 元，买方放弃行权，孙某净损益为之前收取的期权费 5 元。如果股价为 98 元，到期日净损益 = –（100 – 98）+ 5 = 3（元），也是正的净损益。如果股价为 93 元，到期日净损益 = –（100 – 93）+ 5 = –2（元），净损益为负。

6.【答案】ACD

【解析】计算动态回收期时只考虑了未来现金净流量现值总和中等于原始投资额现

值的部分，没有考虑超过原始投资额现值的部分。因此选项 B 不选，其他选项都是考虑了项目寿命期内全部现金流量的。

7.【答案】BCD

【解析】边际贡献总额 = 销售收入 - 变动成本 = 销售量 ×（单价 - 单位变动成本），由此可以看出，固定成本的改变不影响边际贡献总额。

8.【答案】ACD

【解析】发放股票股利导致的变化有：

项目	内容
有影响	（1）所有者权益项目的结构发生变化：未分配利润减少、股本增加（股票股利的面值）、资本公积增加（股票股利的市价与面值之差）； （2）增加流通在外的股票数量； （3）如果盈利总额和市盈率不变，每股收益和每股市价下降
无影响	（1）资产总额、负债总额、所有者权益总额均不变； （2）股东持股比例； （3）每股面值； （4）若盈利总额和市盈率不变，股票股利发放不会改变股东持股的市场价值总额

所以本题选项 A、C、D 正确。

9.【答案】AC

【解析】税后净营业利润衡量的是企业的经营盈利情况，营业外收支、递延税金等都要从税后净营业利润中扣除；平均资本占用反映的是企业持续投入的各种债务资本和股权资本；加权平均资本成本反映的是企业各种资本的平均成本率；经济增加值为正，表明经营者在为企业创造价值；经济增加值为负，表明经营者在损毁企业价值。

10.【答案】BD

【解析】选项 A 是速动资产之间的变化，既不影响流动资产，也不影响速动资产和流动负债，所以流动比率和速动比率都不变；选项 C 会使速动资产减少，但流动资产和流动负债不变，因此会使速动比率下降，但不影响流动比率。

三、判断题

1.【答案】×

【解析】协调相关者的利益冲突，要把握的原则是尽可能使企业相关者的利益分配在数量上和时间上达到动态的协调平衡。

2.【答案】√

【解析】资本市场又称长期金融市场，是指以期限在 1 年以上的金融工具为媒介，进行长期资金交易活动的市场，包括股票市场、债券市场、融资租赁市场和期货市场等。

3.【答案】×

【解析】经营风险是指企业由于生产经营上的原因而导致的资产收益波动的风险。

引起企业经营风险的主要原因是市场需求和生产成本等因素的不确定性，经营杠杆本身并不是资产收益不确定的根源，只是资产收益波动的表现。但是，经营杠杆放大了市场和生产等因素变化对利润波动的影响。

4.【答案】√

【解析】预防性需求是指企业需要持有一定量的现金，以应付突发事件。企业临时融资的能力较强，当发生突发事件时，可以进行临时筹资，所以预防性需求的现金持有量一般较低。

5.【答案】√

【解析】因为复利现值与期限、利率都是反向变动的，所以在终值和计息期一定的情况下，贴现率越低，则复利现值越高。

6.【答案】×

【解析】永续债，是一种没有明确到期日或期限非常长，投资者不能在一个确定的时间点得到本金，但是可以定期获取利息的债券。永续债实质是一种介于债权和股权之间的融资工具，不属于股权筹资方式。

7.【答案】√

【解析】预防性需求是指企业需要持有一定量的现金，以应付突发事件。企业临时融资能力较强，当发生突发事件时，可以进行临时筹资，所以预防性需求的现金持有量一般较低。

8.【答案】×

【解析】在紧缩的流动资产投资策略下，企业维持低水平的流动资产与销售收入比率。紧缩的流动资产投资策略可以节约流动资产的持有成本，但与此同时可能伴随着更高风险，所以经营风险和财务风险较高。

9.【答案】×

【解析】以完全成本为基础定价，在全部成本费用基础上制定价格，既可以保证企业简单再生产的正常进行，又可以使劳动者为社会劳动所创造的价值得以全部实现。

10.【答案】×

【解析】净收益营运指数越小，非经营收益所占比重越大，收益质量越差。所以本题说法是错误的。

四、计算分析题

1.【答案】

（1）由 A、B 两只股票构成的投资组合的 β 系数 $= 1.7 \times 40\% + 1.2 \times 60\% = 1.4$

（2）C 股票的风险收益率 $= 1.2 \times 0.6 \times (9\% - 4\%) = 3.6\%$；C 股票的必要收益率 $= 4\% + 3.6\% = 7.6\%$

（3）A 股票必要收益率 $= 4\% + 1.7 \times (9\% - 4\%) = 12.5\%$

B 股票的必要收益率 $= 4\% + 1.2 \times (9\% - 4\%) = 10\%$

A、B、C 三只股票构成的投资组合的 $\beta = 1.7 \times 2/10 + 1.2 \times 4/10 + 1.2 \times 0.6 \times 4/10 =$

1.108

A、B、C 三只股票构成的投资组合的必要收益率 = 4% + 1.108 × （9% - 4%） = 9.54%

2. 【答案】

（1）A = 40 + 1 010 - 1 000 = 50（万元）

B = A = 50 万元

50 ≤ 31.3 + C - C × 6%/4 ≤ 60，且 C 为 10 万元的整数倍，解得：C = 20 万元。

D = 20 × 6%/4 = 0.3（万元）

E = 31.3 + 20 - 0.3 = 51（万元）

F = -37.7 - 0.3 + 90 = 52（万元）

题中条件"年末余额已预定为 60 万元"，也就是第四季度期末现金余额为 60 万元，因此现金余缺 - 归还短期借款 - 支付短期借款利息 - 购买有价证券 = 60，即：132.3 - 20 - 0.3 - G = 60，因此 G = 52 万元。

H = 40 万元

I = 40 + 5 536.6 = 5 576.6（万元）

J = 60 万元

（2）借款的实际年利率 = （1 + 6%/4）^{4} - 1 = 6.14%

3. 【答案】

（1）每股收益 = 45 000/20 000 = 2.25（元）

每股净资产 = 225 000/20 000 = 11.25（元）

市盈率 = 20/2.25 = 8.89

（2）①普通股股数增加 = 20 000 × 6% = 1 200（万股）

"股本"项目：50 000 + 1 200 × 2.5 = 53 000（万元）

"未分配利润"项目：160 000 - 1 200 × 20 = 136 000（万元）

"资本公积"项目：15 000 + 1 200 × （20 - 2.5） = 36 000（万元）

②发放股票股利后的每股收益 = 45 000/（20 000 + 1 200） = 2.12（元）

③发放股票股利后的每股净资产 = 225 000/（20 000 + 1 200） = 10.61（元）

（3）进行股票分割后：

①普通股股数增加 20 000 万股，变成 40 000 万股，但每股面值降为 1.25 元（2.5/2）。

"股本""未分配利润""资本公积"项目均没有发生变化。

②进行股票分割后的每股收益 = 45 000/40 000 = 1.13（元）

③进行股票分割后的每股净资产 = 225 000/40 000 = 5.63（元）

五、综合题

1. 【答案】

（1）债务资本成本率 = 8% × （1 - 25%） = 6%

权益资本成本率 = 6% + 2 × (10% − 6%) = 14%

平均资本成本率 = 6% × 600/(600 + 2 400) + 14% × 2 400/(600 + 2 400) = 12.4%

(2) 边际贡献总额 = 12 000 × (1 − 60%) = 4 800 (万元)

息税前利润 = 4 800 − 800 = 4 000 (万元)

(3) 方案1: 公司权益市场价值 = (4 000 − 2 000 × 8%) × (1 − 25%)/10% = 28 800 (万元)

公司市场价值 = 28 800 + 2 000 = 30 800 (万元)

方案2: 公司权益市场价值 = (4 000 − 3 000 × 8.4%) × (1 − 25%)/12% = 23 425 (万元)

公司市场价值 = 23 425 + 3 000 = 26 425 (万元)

方案1的公司市场价值 30 800 万元高于方案2的公司市场价值 26 425 万元,所以公司应当选择方案1。

(4) 投资计划所需要的权益资本数额 = 2 500 × 60% = 1 500 (万元)

预计可发放的现金股利 = 2 800 − 1 500 = 1 300 (万元)

每股股利 = 1 300/2 000 = 0.65 (元/股)

(5) 根据信号传递理论,在信息不对称的情况下,公司可以通过股利政策向市场传递有关公司未来获利能力的信息,从而会影响公司的股价。公司的股利支付水平在过去一个较长的时期内相对稳定,一直是 0.9 元/股,而现在却下降到 0.65 元/股,这可能会向市场传递出公司经营状况不佳、未来发展前景不乐观的负面信号,导致投资者对公司的信心下降,进而可能使公司股票价格下跌,影响公司的市场价值和再融资能力等。

2. 【答案】

(1) A = 3 000 × 5 = 15 000; B = 15 000 + 800 = 15 800; C = 1 600; D = 15 800 − 1 600 = 14 200; E = 14 200 × 8 = 113 600; F = 18 000 − 1 200 = 16 800; G = 16 800/5 = 3 360; H = 18 000 − 800 = 17 200; I = 17 200 × 8 = 137 600; K = 144 000/8 = 18 000; J = 19 200 − K = 19 200 − 18 000 = 1 200; L = 3 000 + 3 360 + 3 640 + 4 500 = 14 500; M = 14 500 × 5 = 72 500; N = 74 000 − 1 600 = 72 400

(2) 第一季度采购支出 = 113 600 × 70% + 50 000 = 129 520 (元)

第四季度末应付账款 = 184 000 × 30% = 55 200 (元)

(3) 乙材料的单位标准成本 = 5 × 8 = 40 (元/件)

(4) 材料成本差异 = 17 600 × 7.5 − 3 200 × 5 × 8 = 4 000 (元)

材料价格差异 = (7.5 − 8) × 17 600 = −8 800 (元)

材料用量差异 = (17 600 − 3 200 × 5) × 8 = 12 800 (元)

(5) 乙材料成本超支 4 000 元,其中材料价格节约差异 8 800 元,材料用量超支差异 12 800 元。用量差异的主要原因是生产部门耗用材料超过标准。具体原因要从生产部门的生产组织、材料的规格质量、劳动工具的适用性、劳动工人的熟练程度入手分析。所以企业应该查明材料用量超标的具体原因,以便改进工作,节约材料。